괜찮아요 선생님,
괜찮아요

괜찮아요 선생님, 괜찮아요
아이들의 내일을 위한 혁신자치유치원의
사랑과 믿음, 기다림과 성찰의 시간

초판 1쇄 인쇄 2022년 2월 22일
초판 1쇄 발행 2022년 2월 28일

지은이 강창아 김혜진 김희은 박세영 박지현 박현주 백은미
송시정 육형준 이소담 이지영 이혜리 한지은
펴낸이 김승희
펴낸곳 도서출판 살림터

기획 정광일
편집 송승호·조현주
디자인 유나의숲

인쇄·제본 (주)신화프린팅
종이 (주)명동지류

주소 서울시 양천구 목동동로 293, 2215-1호
전화 02-3141-6553
팩스 02-3141-6555

출판등록 2008년 3월 18일 제313-1990-12호
이메일 gwang80@hanmail.net
블로그 http://blog.naver.com/dkffk1020

ISBN 979-11-5930-218-3(03370)

* 책값은 뒤표지에 있습니다.
* 잘못된 책은 바꾸어 드립니다.
* 이 책은 저작권법에 따라 보호를 받는 저작물이므로 무단 전재와 복제를 금합니다.

괜찮아요 선생님, 괜찮아요

아이들의 내일을 위한
혁신자치유치원의 사랑과 믿음,
기다림과 성찰의 시간

강창아 김혜진 김희은 박세영 박지현 박현주 백은미
송시정 육형준 이소담 이지영 이혜리 한지은

살림터

추천사

세종시에는 두루유치원이 있습니다

최교진(세종특별자치시교육감)

세종시에는 두루유치원이 있습니다.

약 6천 명의 아이들이 60개의 단설, 병설 유치원에 다니고 있는 세종시는 대한민국 유아교육을 선도한다는 자부심이 있습니다. 세종 유아교육의 자랑인 아이다움교육과정을 완성하여 숲, 생태, 놀이 중심의 유아교육을 실현하고 있고 숲 유치원과 생태 유치원을 운영하고 있습니다. 세종의 모든 유치원은 아이들을 가르치고 보살피는 것에 한 치의 소홀함 없이 최선을 다하고 있습니다. 모두가 지역사회와 학부모들로부터 사랑받는 유치원입니다.

그리고 그 중심에 1호 혁신유치원인 두루유치원이 있습니다. 두루유치원이 특별한 이유는 선생님들 때문입니다. 아이들을 사랑하는 마음으로 아이들의 삶과 배움을 보살피는 것은 여느 유치원 선생님들과 다르지 않습니다. 그럼에도 두루유치원 선생님들이 특별하다고 하는 이유는 교육석 일상을 세종시외 전국 유치원 교사들에게 공개하고 그 성과를 나누는 것에 들이는 정성 때문입니다.

혁신유치원 지정과 함께 연수원학교를 자처하여 두루유치원의 교육적 실천과 성과를 나누었습니다. 코로나19로 학교현장 공개가 어려워지자 '온두루학교'라는 이름으로 온라인 학교 공개를 하고 있습니다. 전국적으로 몇천 명의 유아교육 관계자들이 두루유치원의 실천과 성과를 함께하며 유아교육을 돌아보는 기회를 만들고 있는 것입니다. 재작년에는 그 바쁜 와중에 두루유치원의 교육철학을 담아 학교 운영과 아이들이 만들어낸 소중한 기록으로 엮어진 『애들아, 줄지어 걷지 않아도 괜찮아』라는 책을 출간하기도 하였습니다.

여기까지만 해도 참으로 대단한 일인데 두루유치원 교사들이 이번에 두 번째 책을 출간하였습니다. 이번 책은 두루유치원 교사들의 이야기입니다. 그들의 교육적 '처음'과 '자람', 그리고 함께하는 교사공동체에 대한 '고마움'과 '나눔'의 이야기를 담고 있습니다. 그 훌륭한 두루유치원 교사들도 아픈 '처음'이 있었고 그 '처음'을 통해 교사로서 성장한 '자람'의 과정이 있었습니다. 함께한 교사공동체가 있었기에 가능했던 성장일 것입니다. 그래서 늘 '고맙고' '나눔'에 주저함이 없었구나 하는 생각을 했습니다.

이 책이 유치원 교사로서 성장을 준비하는 이들에게 좋은 본

보기가 되면 좋겠습니다. 우리 교사들이 어떻게 성장하는지 관심을 기울여온 사람들에게도 훌륭한 자료가 될 것입니다. 학교와 교사의 성장을 모색하는 이들은 꼭 읽어보기를 권장합니다.

세종시에는 두루유치원이 있습니다.
그래서 너무 좋고 감사하고 행복합니다.

추천사

따뜻한 시선으로 세상을 바라보는 두루의 멋진 사람들

전준옥(전 두루유치원 원장)

　코로나 팬데믹으로 유치원 교육활동에 많은 제약이 있었다. 2년이라는 시간을 돌아보니 입학 연기, 긴급돌봄, 온라인 수업 등 그동안 당연히 해왔던 대면 수업을 할 수 없었던 그때가 떠오른다. 우리 두루에는 두루 교육공동체만의 특별한 힘이 있었다. 두루공동체가 지닌 특별한 협력의 힘이 발휘되면서 유아, 학부모로부터 찬사를 받았다. 선생님들은 '아이들을 위해 무엇을 해야 할까?'를 먼저 고민하였다. 대면으로 만나지 못하지만 두루공동체의 마음이 전해질 수 있는 다양한 방법들이 모색되었다. 비대면이지만 아이들이 신나게 놀이할 수 있는 방법들이 제안되었는데, 이왕이면 가족과 함께할 수 있는 가족 소통 놀이를, 우리의 안전한 생활을 무엇보다 중요하게 여기며 수시로 수정 보완되었다. 그리하여 이전에는 없었던 두루만의 여러 가지 프로그램을 만들고 실행하게 되었다. 관리자가 요구해서가 아니라 선생님들의 자발성에 의해 모든 것이 이루어지는 것을 볼 수 있었다. 거기서 선생님들이 진심으로 아이들을 생각하는 것을 느꼈다. 모두가 처음 맞닥뜨리는 일이었으며 어렵고 해보지 않았던 일들을 기획하면서도, 안 해봐서 못하겠다는 교사는 없었다. "배워서라도 만들어 보겠다", "내가 무엇을 도와줄까"라고 서로를 북돋아 가며 지냈다. 힘들고 지칠 수도 있는데 공동체가 똘똘 뭉쳐 일을 진행하였고, 선생님들의 웃음소리가 유치원을 가득 채웠다. 아무것도 할 수 없을 것 같던 힘든 시기에도 공동체가 함께 다양한 활동을 하였다.

특히 2020년, 2021년 유튜브 실시간 영상을 공유하며 3일 동안 진행한 '온두루학교' 연수는 놀라웠다. 전국 교사들에게 교육활동에 대한 의미와 가치, 경험을 공유하였다. 그 안에는 유치원의 일상이 고스란히 드러나 있었다. 도전과 실천을 통해 고민하고 성장통을 겪은 그 시간이 소중하게 여겨진다. 그 시간의 우리 모습과 치열하게 고민했던 삶의 철학을 정리해서 책을 만들었다니 자랑스럽다. 바쁜 시간을 쪼개어 글을 써 내려간 선생님들의 열정에 감동과 고마움의 박수를 보낸다.

2020년 3월 『애들아, 줄지어 걷지 않아도 괜찮아』를 출판할 때 어려움 속에서 많은 협의를 하고 담당 선생님의 막중한 업무와 노력으로 발간했던 기억이 있다.

이번에도 책의 주제와 방향, 내용에 대해 얼마나 많은 고민이 있었을지 짐작이 되었다. 많은 토론과 생각의 조율, 추진 단계 등등 어려움이 많았을 것이다. 두루유치원 교사들의 고민은 무엇이었고, 어떤 도전을 했는지도 말해주는 글들이었다. 작은 것에도 진심을 담아 실천하려 노력하는 과정들을 표현하려고 한 흔적들이 보였다.

어느 책에서 읽은 문구가 생각난다. "글을 쓴다는 것은 주는 것이다." 글 쓰는 작가의 이야기이지만 우리 선생님들도 책을 출판하며 같은 생각을 했을 것이다. 나의 교육철학, 방법, 아이들과의 상호작용 등 내 것을 모두 내어주고 드러내기 쉽지 않은 마음이 분명 고민되었을 테니까. 자기를 내어놓기 쉽지 않은 일을 이렇게 글로 펼쳐 놓은 데는 비슷한 고민을 하는 교사들에게 도움이 되고자 하는 마음이 컸을 것이다.

지금의 자리에 안주하지 않고 더 나아가 성장하고자 하는 선생님들의 마음이 글 곳곳에서 느껴졌다. 자신의 성장과 가능성을 믿고 긍정적이고 따뜻한 시선으로 자신과 세상을 바라보는 멋진 선생님들이다. 좋은 교사가 되고자 노력하는 마음이 우리 아이들에게 긍정적으로 영향을 주었을 것이다. 교사 스스로 존재의 의미를 찾고 깨닫는 시간을 가진 선생님들을 격려하며 완성을 기다린다.

이 책은 실무적이지도, 사례 중심적이지도 않다. 그래서 해결 방법을 찾거나 성공 여부를 보고자 하는 사람들의 기대와는 다를 수 있어 책을 낸 선생님들도 부담이 컸을 것이다.

'혁신유치원', '전국 최초 혁신유치원 4년 운영', '혁신자치유치원 2년 운영' 등, 어깨를 누르는 부담이 두루에게는 있다. 책임과 의무를 다하고 있지만 무언가 대단한 결과를 내야 할 것 같은 주변 시선과 요구가 있다. 하지만 교사들은 서로 격려하며 더 나아가기 위한 발걸음을 계속 내딛고 있다. 성장의 발걸음을 내딛는 순간마다 함께 손잡고 걷는 동료가 있다는 것은 큰 힘이 되고 계속 성장하리라는 믿음과 기대감이 생기는 것이다.

두루유치원 선생님들은 교육활동과 업무처리에 많은 열정과 에너지를 발산했다. 영혼까지 끌어모아 가진 에너지를 다 쏟아붓고 "힘들다"라고 하지만, 얼굴에 성취감과 행복이 묻어 나온다. "아무것도 할 수 없다", "다시는 무리하게 일 안 한다"고 거듭 말하지만, 며칠 후 새로운 일을 만들고, 일들을 확장하고 처리하는 반복적인 일상을 보냈다. 그 바쁨 속에서도 아이들과 행복한 일상을 만들어가려 했다. 행복은 나 자신이 주어진 상황을 어떻게 받아들이고 어떻게 해석하느냐에 달라진다고 생각한다.

'스스로 해보고 함께 놀자'라는 교육철학에 따라 선생님들은 자신과 유아, 공동체가 서로 믿고 기다려주는 문화 속에서 격려하며 성장하려 노력해 왔다. '빨리빨리' 문화에 익숙한 우리에게 느굿하게 기다린다는 것은 상대방에 대한 사랑이 있어 가능했고, 해낼 수 있으리라는 믿음으로 표현되었다. 상대에 맞추어 참고 기다리는 것은 대단한 인내가 필요한 일이다. 선생님들은 아이들을 사랑으로 기다렸으며 선생님들은 동료를 기다려주었고, 관리자, 행정직원, 봉사자들도 교육공동체를 위해 함께 기다리며 아이들이 신뢰와 믿음 속에서 행복한 삶을 살아가도록 함께 돕고 있다.

이 책은 두루유치원 교육공동체의 교육에 대한 신념과 철학의 깊이를 알게 해준다. 교사들의 열정, 꿈, 두루 공동체의 공감과 배려가 함께 만들어 낸 책이다.

유아, 학부모, 교직원들이 서로 믿고 신뢰하고 지원해 주었기에 가능한 일이었다. 원장 선생님, 원감 선생님, 선생님들, 교직원들 모두가 어려운 여건에서도 책이 출판하게 된 것을 진심으로 축하하며, 세종시교육청의 지원에도 감사드린다.

프롤로그

좋은 교사, 좋은 사람은 두루유치원 전문적학습공동체가 추구하는 가치

김덕순 (두루유치원 원장)

두루유치원을 잠시 떠났다가 돌아오니 아이들은 여전히 생기 넘치고 왁자지껄했으며, 선생님들은 열정 가득 많은 일을 벌이고 있었습니다. 그 일 중 하나가 두 번째 책을 내는 일이었는데, 선생님들은 바쁜 중에 책 내는 일을 계속 진행할지 살짝 고민하고 있었습니다. 그때 나는 꼭 출판하자고 주장한 터라, 나중엔 선생님들에게 부담을 준 것이 아닌가 싶어 조금 미안해지기도 했습니다. 하지만 원고들을 읽어보며 괜한 걱정이었다는 것을 바로 깨달았습니다.

'좋은 교사, 좋은 사람'은 두루유치원 전문적학습공동체가 추구하는 가치입니다. 좋은 교사는 좋은 사람일까, 좋은 사람이어야 좋은 교사일까를 고민하였고, '좋은 사람, 좋은 교사'가 되기 위해 두루유치원 선생님들은 서로 격려하며 끈끈한 동료애로 자치학교(유치원)를 멋지게 완성해가고 있습니다. 아이들의 성장과 배움 그리고 놀이에 대한 고민을 끊임없이 나누고, 놀이를 기록하고 이야기했습니다.

　2020년에 이어 두 번째 온두루학교 전국포럼을 열어 전국 유아교육 가족들에게 유치원 교육과정의 경험을 두루 나누었습니다. 참여하신 한 교수님이 "교사들의 이런 책임감은 어디서 나오는 것인가요?"라고 물으셨습니다. 그때 저도 잠시 생각에 잠겼습니다. 두루유치원 선생님들의 책무성은 무엇에서 나오는 것이기에 굳이 하지 않아도 되는 힘든 일들을 찾아서 하는 것일까요. 어떤 가치로 교육을 생각하고 아이들을 만나기에 편안한 길을 두고 남들이 가지 않는 자갈길을 찾아서 가는 것일까요.

　선생님 글 중에 이런 내용이 있습니다.
　"나의 자람과 때로는 멈춰있는 순간에도 함께하는 동료 교사가 있다. 서로의 존재가 존중받고 하나의 비전을 향해 가는 공동체가 있다. 그리고 우리의 교육적 고민과 실천을 바탕으로 행복하게 놀이하는 어린이가 있다."
　이 말에서처럼 동료성과 함께하는 교육공동체 그리고 놀이하는 행복한 아이들이 우리 선생님들을 열정으로 춤추게 하고 자갈길도 찾아가게 하는 힘이 아닐까 싶습니다.

그 이야기를 나누고 싶어 또 한 번 어려운 도전을 맞이합니다.
2020년 『애들아 줄지어 걷지 않아도 괜찮아』에 이어 두 번째 책입니다. 첫 책에서 두루유치원이 혁신학교를 시작하고 마무리하기까지의 과정을 이야기했다면, 이 책에서는 교사들의 '처음'과 '자람' 그리고 함께하는 '고마움'과 '나눔'의 이야기를 친구에게 들려주듯 편안하게 이야기했습니다. 읽는 내내 그 마음이 전해져 진한 감동이 일기도 하고 때론 입가에 웃음이 번지기도 하는 이야기들입니다.

선생님들의 열정을 모두 담아내기엔 책은 너무 좁은 공간입니다. 하지만 숨겨진 이야기도 느낌으로 알 수 있습니다. 김혜진, 백은미, 박지현, 박세영, 이지영, 박현주, 이소담, 송시정, 김희은, 이혜리, 강창아, 한지은. 육형준 선생님들 한명 한명 이름을 부르며 존경과 고마움을 전합니다.

목차

추천사 세종시에는 두루유치원이 있습니다 최교진_5
따뜻한 시선으로 세상을 바라보는 두루의 멋진 사람들 전준옥_11

프롤로그 좋은 교사, 좋은 사람'은 두루유치원 전문적학습공동체가 추구하는 가치
김덕순_13

처음

나(교사)
괜찮아, 이런 처음도 있는 거야 이소담 · 21
두 번 올린 품의 송시정 · 28
그리고, 그것이 설렘으로 다가왔으면 좋겠다 김혜진 · 33

어린이
걱정 가득한 첫날 육형준 · 41
온 힘을 다해 쓴 세 글자 육형준 · 44
'마음 읽기'로 아이를 알아가는 중 박현주 · 48

공동체
당신은 나의 동반자 박지현 · 54
코로나는 우리에게 처음이라 박세영 · 58

자람

나(교사)
- 성장통을 덜어주는 주사 이혜리 · 71
- 나도 그 안에서 자라는 것 같다. 한 뼘 정도 백은미 · 75
- 두루의 담모나이트 이소담 · 82

어린이
- 신.달.자(신나게 달리자) - 아이들의 달리기에 대한 개똥철학 육형준 · 89
- 너는 선생님보다 훌륭한 어린이야 강창아 · 93
- 계속 실패하고 실패하고 실패하고 실패한다고요 박세영 · 103
- 내가 고돼도 나는 너를 사랑해 한지은 · 111

공동체
- 고요히 그리고 충분히 재미있게 육형준 · 120

고마움

나(교사)
- 선생님, 고맙다고 해줘서 고마워요 강창아 · 127
- 고리롱의 시간 박세영 · 132

어린이
- 너의 삶에 함께하게 해줘서 고마워 김희은 · 141
- 서로가 서로에게 이소담 · 147
- 언제나 너를 응원해 이지영 · 154

공동체
- 받기만 했던 한 해, 줄 수 있었던 한 해 육형준 · 159
- 나를 좋은 사람으로 만들어주는 사람들에게 한지은 · 162

나눔

나(교사) #나눠 받음 #너와_내가_얽혀감 김희은 · 171

어린이 당신의 첫 자전거는 누구와 함께였나요? 박지현 · 177

공동체 우리가 지나온 발자국을 돌아보며 이지영 · 185
쿨메신저 송시정 · 191
나눔은 행복의 전염 박현주 · 195

처음

누구에게나 처음이 있다. 처음이라는 말엔 설렘이 있다.
그리고 때로는 처음이어서 살짝 두렵기도 하다.
처음 해보는 나무 오르기는 방법을 몰라 힘이 들었다.
처음 가 본 숲 나뭇가지 사이로 본 하늘은 파란 연못처럼 보였다.
친구랑 손잡고 처음 걸었던 숲길이 좋았다.
나뭇잎 침대에 처음 누워봤다.
내 단짝 친구가 처음 생겼다.
내 맘대로 놀아도 된 것은 처음이었다.
정리하지 않고 다음 날까지 놀아 본 건 처음이었다.
오늘 처음 해본 놀이가 재미있었다.
매일 하던 놀이였는데 처음으로 진짜 재미있게 놀았다.
내가 자라는 것처럼 나무가 자라는 걸 처음 보았다.
숨이 차게 신나게 달려본 것은 처음이었다.
개울에 풍덩 빠져 본 건 처음이었다.
물감이 옷에 묻었는데 걱정 안 한 건 처음이었다.
처음으로 선생님의 얼굴 코앞까지 가 눈동자의 색을 보았다.

[처음 - 나(교사)]

괜찮아, 이런 처음도 있는 거야

교사 **이소담**

며칠 전, 약속장소로 가기 위해 저녁에 택시를 탔다. 평소와 같이 밝게 인사하며 탔는데 택시기사님이 아무런 대답이 없으셔서 약간 민망해지려던 찰나, 조수석 뒤편 태블릿 화면에 적힌 글이 눈에 들어왔다.

"고요한 택시-청각장애인이 운전하는 친절한 택시-고요한 택시에 탑승하신 것을 환영합니다. 오늘도 고요한 택시와 함께 즐거운 하루 되세요."

순간 주변을 찬찬히 살펴보지 않은 나 자신이 더 민망해지면서, 이미 고요한 택시 안이었지만 이 분위기를 해치지 않으려고 더욱 숨죽였다.

처음 경험한 택시여서일까? 목적지에 다다를 즈음 나에게 따뜻한 시작으로, 택시기사님께도 기분 좋은 경험으로 남겨드리고 싶었다. 급하게 포털사이트로 수화를 검색하여 요금 결제한 카드를 돌려받을 때 오른손 손날로 왼손 손목을 두드리며 "감사합니다."하고 이야기하였다. 기사님은 따뜻한 미소로 응답해주셨다.

며칠 동안 이 순간이 머릿속에서 떠나지 않았다. 왜 그날 내 인생에서 처음 겪어본 일을 굳이 '좋은 처음', '괜찮은 처음'으로 남기려고 했을까? 그 순간이 처음이 아니었어도 그렇게 했을까? 지금처럼 뚜렷한 자극으로 기억될까? 여러 가지 질문이 화살이 되어 나에게서 답이라는 사과를 찾아 맞추고 싶어 한다. 나는 내 안의 사과를 발견해보려 한다. '나라는 사람에게 처음은 어떤 의미인가?'

자연스럽게 우리 유치원, 우리 반 아이들이 떠오른다. 교사로서의 나는 매일 수많은 처음을 마주친다. 내가 만나는 아이들에게 수많은 처음이 존재하고 그 순간을 내가 함께하기 때문이다. 그 처음인 순간들마다 좋은 기억으로 만들어주고 싶어 애쓰던 내 모습들도 스쳐 지나간다. 익숙한 것 외에 색다른 것에도 관심을 가져볼 수 있도록, 어려운 일도 용기를 내서 도전해볼 수 있도록, 평소 싫어하던 것도 새로운 눈으로 다시 들여다볼 수 있도록, 실패하더라도 별일 아닌 듯 툭툭 털고 다시 해볼 수 있도록… 이 모습들을 가만히 들여다보면 내가 나에게 바라는 모습이 투영된다. 그래서일까. '처음'에 남들보다 큰 의미를 부여하는 나는 아이들도 같은 눈으로 바라보고 있었다.

    2020년에는 5세, 말랑공룡반 담임교사를 맡게 되었다. 5세 어린이들은 유난히 나에게 설렘과 두려움이 공존하는 느낌을 강하게 안겨준다. 초임 때 처음 맡은 반 어린이들의 연령이라 그때의 느낌이 되살아나는 것도 있지만, 그보다 우리 유치원에 처음 다니게 되는 아이들이니 그 첫해를 정말 행복하게 보내게 해주고 싶었다. 단순히 유치원 적응 차원을 넘어서 첫해의 행복이 3년이라는 유치원 생활에 중요한 밑거름이 될 것만 같았다.(이 정도면 처음에 대한 집착이 있는 게 아닌가 싶은 정도이다.)

    소중함을 아는 만큼 잘하고 싶은 마음이 압박감으로 다가올 때도 있었다. 코로나19로 인한 긴급돌봄운영, 2부제 등원, 원격수업 등 새로운 일들을 당면한 상황에서 누구도 이전 같은 생활을 하기 어려웠지만, 개학 전 긴급돌봄으로 유치원에 다니기 시작한 우리 반 아이들 네 명이 유독 마음에 걸렸다. 우리 유치원에 처음 온 아이들이 우리 반이 아닌 긴급돌봄반에서 적응을 시작해야 하는 게 안쓰러웠다. 마음의 짐을 덜기라도 하듯 그 아이들을 매일 찾아가 인사하고 "내가 일우 선생님이야."(유치원에 있는 모든 선생님이 아이들을 위한 선생님이지만, 정 붙일 곳을 만들어 주고 싶은 마음으로 한 이야기였다), "코로나가 괜찮아지면 우리, 같은 교실에서 만날 수 있어." 하고 이야기해주었다. 마스크를 써서 얼굴을 구별하기 쉽지 않았을 텐데 시간이 지날수록 아이들은 반겨주었고, 가끔은 "우리 어제 만났잖아요.", "엄마 핸드폰에서 봤어요."(원격수업 영상 속 모습) 하며 고맙게도 먼저 인사해줬다. 나의 우려와 달리 긴급돌봄 교실에서도 형님들과 함께 재미있는 놀이를 찾아가는 모습을 보였다. 기존 만남이 아닐 뿐, 아이들의 처음은 이미 시작된 것이다. 그리고 지금 이 네 명은 2부제로 등원하는 아이들에게 늘 유치원에 가서 함께 놀고 싶은 친구가 되어주었다. 잘 준비된 환경이 아니어도 저마다의 처음을 잘 다져가는 모습이 나의 압박감을 덜어주며 '이런 시작도 있는 거야. 괜찮아.' 하고 위로해주는 것 같았다.

긴급돌봄반에 들어간 날은 이런 일도 있었다. 그 반은 말랑공룡반 아이들은 없고, 옆 반 5세 친구들 2명과 6, 7세 친구들로 구성된 반이었다. 모두 얼굴은 알았지만 담임이 되어 가까이서 본 적이 없는 친구들이기에 호기심이 생겼다. 평소 2층에서 자주 같이 놀이하던 기범이가 제트기 종이접기를 알려주겠다며 살갑게 말을 걸었다. 그러자 진기(기범이와 작년에 같은 반이었던 친구)가 자기도 종이접기를 잘한다며 같이 접자고 옆에 와서 앉았다. 색종이가 네 장이나 필요한 고난도 종이접기였는데, 진기는 따라가기 어려웠는지 "나 그냥 접어줘."라고 했다. 기범이는 "아니야. 내가 알려줬잖아

~ (계속 종이접기를 이어가며) 이렇게 해." 하며 아랑곳하지 않았다. 진기는 나에게 도와달라는 눈빛을 보내며 "선생님, 기범이가 저한테 속상하게 말해요."라고 했다. 내가 기범이에게 "기범아, 진기는 제트기를 처음 접어봐서 어려울 수 있어. 한 번 더 설명해줄 수 있을까?" 하고 말하자 기범이는 "나는 기다리기 힘들단 말이에요."라고 한다. 기범이의 마음도 이해가 가서 "그래. 누군가에게 처음으로 알려주는 일은 어려울 수 있어 기범아." 하고 내가 진기에게 설명해주었다.

잠시 후, 우리가 종이접기를 하는지도 몰랐을 정도로 신나게 놀던 7세 남자아이들 중 완성된 제트기를 발견한 민호가 자연스럽게 기범이에게 다가가서 "기범아, 나도 접는 방법 알려주라."라고 하자 지훈이도 "나도 나도!" 하며 앉기 시작했다. 순간 기범이의 힘들다는 말이 떠오르며 긴장되었다. 하지만 웬걸. 처음엔 어색해하던 기범이는 곧 친절한 안내자가 되었다.

기범: 이거 접는 방법은 알아? 그럼 형아는 잠깐 기다려줘. 나머지 다 뒤집어서 이대로. 이거 두 개를 여기에다 끼워서 쭉 이렇게 꽂아. (직접 색종이를 접는 방법을 천천히 보여주었다.)
지훈: 이렇게 껴?
민호: 나 이렇게밖에 안 꽂혀.
경훈: 내가 해줄게. (제트기를 안 접어도 된다고 했지만, 친구들 옆에 앉아서

어려워할 때마다 도움을 주었다.)

기범: 형아, 그리고 이걸 뒤집어. 형아도. 이서 빨리. 기다리고 있어.
삼각주머니 두 겹을 들어서 그다음 여기에 이렇게….
지훈: 이렇게?
경훈: 이거 펴는 거 아니야?
민호: 잠깐, 나 안 했어.
기범: (민호가 접는 것을 지켜보더니) 아니, 뒤집어서야. 형아.
(다 접은 후) 이거 접는 거 엄마한테도 알려주면 좋겠다….

아이들이 제트기를 완성해가며 나누는 대화 속에서도 다양한 처음을 만날 수 있었다. 흥미를 느끼면 주저하지 않고 다가가 시작해보는 민호, 천천히 자기 손으로 해보며 집중하는 지훈이, 친구들을 도와주며 새로운 경험을 해보는 경훈이, 그리고 누군가에게 알려주는 경험이 다른 사람에게로 확장된 기범이까지. 6세와 7세의 나이 차이는 하나도 느껴지지 않고, 오직 처음을 공유하는 놀이 친구가 되었다. 아마 말랑공룡반 어린이들도 이 같은 경험을 하며 지내왔겠지? 한 번 더 안도감이 드는 순간이었다.

나에게 처음은 정말 '첫 순간'에 머물러 있었다는 생각이 든다. 실은 그 후 더 많은 경험이 일어나고, 그 경험은 안정되고 예측할 수 있는 길이 아닌 저마다의 길로 펼쳐지는데…. 교사인 나는 그 길을 옆에서 따라 걸어가면 되는데 무얼 그리 걱정했던 걸까?

처음이라는 순간에 집착하면 그 이후 일어나는 더 많은 처음을 알아차릴 수 없을 것이다.

고요한 택시에서 내릴 때 발견한 조수석 뒤편 작은 종이에는 이런 문구가 쓰여 있었다.

'승객님, 저를 호출하실 때 제 어깨를 톡톡 두드려도 됩니다.'

처음이라 당황할 수 있는 사람들을 배려하는 말 같았지만, 나에게는 '걱정하지 마세요. 저는 이 정도의 준비가 되어있답니다' 하는 이야기로 들렸다. 우리 아이들도 그럴 것이다. 어떤 날은 내가 아이들을, 또 어떤 날은 아이들이 나의 어깨를 톡톡 두드리며 낯설지만 재미있는 처음을 함께할 것이다.

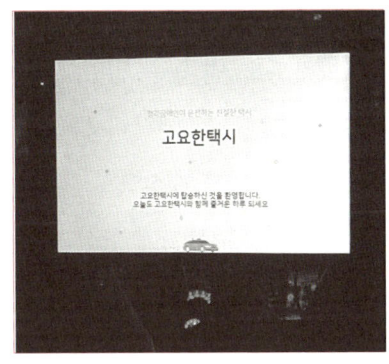 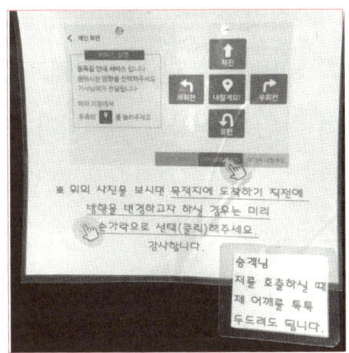

[처음 - 나(교사)]

두 번 올린 품의

교사 송시정

조금 떨렸다. 두루유치원에서 이렇다 할 행사를 처음 앞두고 있었기 때문이다.

장애인의 날을 맞아 '친구 이해 교육주간'이라는 이름을 붙이고 장애인식개선교육을 실시할 예정이던 나는 많은 고민에 빠졌다. 3주체가 함께 하는 행사를 하고 싶었고, 소극적인 참여가 아닌 적극적인 참여를 끌어내는 무언가를 하고 싶었다.

그런데 한편으로 교사도 유아도 학부모도 믿을 수 없었다. 나의 주된 관심사가 아니니까 귀찮다고 여길 거라는 생각이 들었다. 그래도 해보기로 했다. 교사 유아 학부모 모두를 대상으로 한 '특수교육용어 가로세로 퍼즐'을 말이다. 신문 한 귀퉁이에 항상 자리 잡고 있던 '보기'에서 설명하고 있는 단어를 가로세로 퍼즐에 맞추어 넣는 그 게임.

두근두근…

3주체는 과연 나의 기대에 부응할까? 아니, 사실대로 말하자면 나는 진짜 미지근한 반응을 예상했다. 그래서 고백하는데, 사은품으로 걸었던 상품도 깊이 생각하지 않고 대충 품의 올려 사두었다. 느려도 괜찮다는 메시지를 담은 거북이 엽서 한 장, 그게 다였다.

퍼즐을 배부하고 정답지를 수거하는 첫날, 복도에서 한 선생님을 마주쳤다.
"선생님, 여기 정답이요!"
"1시 이후 제 책상에 선착순 제출하시면 됩니다."
"으악, 1시 다 됐네. 빨리 가자!"
신이 나서 달려가시는 선생님의 뒷모습에 내심 기분이 좋았다.
"오~ 엄청 적극적이시네!"
웃으며 들어간 교무실 내 자리의 정답 바구니에는 아직 채 1시가 되지 않았는데 미리 제출된 정답지가 몇 개 더 있다.
어라? 이것 봐라? 꽤 재밌는데?
내가 자리를 비운 사이 선착순으로 정리되어 있던 정답지 순서도 조금 바뀌어 있다.
반칙할 정도라고?
특수학급 교실에 앉아 있는데 안전지킴이 선생님이 오신다.

"여기 이름이 반짝반짝보물반 맞지요? 학부모가 반짝반짝보석반 아니냐는데?"

하원하는 중에 한 학부모님이 우리 반 이름을 정확히 다시 물으셨단다.

가로세로 퍼즐 문제 중 하나가 특수학급 교실 이름을 맞추는 것인데, 아이가 정확하게 몰라서 안전지킴이 선생님께 물어보신 모양이다.

다음날엔 어떤 아이가 교실 문을 두드리고는 우리 반 이름을 묻는다. 또 어떤 날에는 교무실로 전화해서 특수학급의 이름을 물어보는 부모님도 계셨다.

문제 중 하나를 아이에게 물어봐야 맞출 수 있는 것으로 하고 싶었다. 그래야 부모와 아이가 함께 이야기 나누며 문제를 맞출 수 있다고 생각했기 때문이다. 그래서 만들어낸 문제가 우리 특수학급 이름을 맞춰보는 것이었다. 모르면 모르는 대로 그냥 제출하지 않을 수도 있다고 생각했다.

그런데 아이를 통해 혹은 교직원에게 물어보며 퍼즐을 맞추려고 노력하는 모습에 나도 점점 흥분되었다.

"선생님, 이거 다 맞추면 선물은 뭐예요?"

그러다 찬물이 확 머리에 끼친다.

"네?"

"이거 퍼즐 다 맞추면 선물이 뭐예요? 아이들이 너무 기대하고 있어요! 퍼즐 엄청 열심히 맞추고 어려운 단어 엄마한테 물어가면서 글씨 또박또박 써 가지고 온 아이들이 많아요. 선물 너무 기다리더라고요."

나는 품의를 한 번 더 올렸다.
엽서를 받는 순간 실망할 아이들의 얼굴이 떠올라 그냥 있을 수 없었다. 물론 감사하며 받겠지만 내심 더 좋은 선물을 받고 싶어 할 것이다.
먹는 것으로 가야 할 것 같다. 그래, 아이들은 먹는 게 최고다.
좋아할 만한 간식거리를 사 엽서에 붙여주었다. 그렇게 하지 않으면 안 될 것 같았다. 교사가, 아이들이, 부모가 재미있어하는 것이 나에게도 느껴졌기 때문이다.
'참여해주면 고맙고 안 해줘도 어쩔 수 없고'라는 의심을 뿌렸는데 열정으로 보답받았다.

높은 참여율로 제출된 정답지에는 또박또박 정성들여 쓴 아이들의 글씨가 수두룩했다. 몇 번이고 정답을 지우고 고쳐 쓴 자국도 선명했다.
"너무 재미있어요!", "의미 있는 시간이었어요!"
손수 편지글을 붙여 제출한 정답지도 있었다.
두루의 3주체는 이렇게나 뜨겁고 적극적이었다. 한 방향으로 일방적이지 않고 관심과 열정을 서로 주고받고 있었다.

이렇게 두루에서의 처음은 뜨겁고 재미있는 기억으로 남았다.

[처음-나(교사)]

그리고, 그것이
설렘으로 다가왔으면 좋겠다

원감 **김혜진**

12월 8일.

퇴근 시간이 조금 늦었다. 원감 업무 극성수기 12월. 어제, 오늘 연이어 초과근무를 했나. 서녁 8시 40분 정도면 우리 집 아파트 입구에서 얼마만큼 떨어진 공간에 주차해야 하는지 대략 가늠이 된다. 주차 유도등이 설치되기 전에는 나만의 주차루틴이 있었다. 첫 번째는 내가 사는 동 입구에서 가장 가까운 곳, 다음은 옆 동 뒤편, 그다음은 우리 동 뒤편, 그리고 마지막은 반 층을 내려가는, 조금 먼 곳이다. 그곳은 밤 12시를 넘기지 않으면 항상 주차 공간에 여유가 있어 그나마 다행이라고 생각한다. 걸어 올라가는 거리만큼 시간이 걸리는 것 외에는 크게 불편하지 않다. 반 층 지하에 주차하고 집으로 걸어 올라가다 보면 곳곳에 고질적으로 불법 주차하는 차량들이 발견된다.

'몇 걸음만 걸으면 다른 사람을 불편하게 하지 않고 주차할 수 있는데 굳이?' 눈살 찌푸려지는 차들을 볼 때마다 매번 이런 생각을 하는 나 자신이 이젠 지겹다. 한 달 전 주민들의 민원으로 주차 유도등이 설치되었다. '주차 공간 찾기' 루틴대로 옮겨 다닐 필요가 없어졌고, 초록색 유도등을 찾으니 보다 쉽게 주차할 수 있었다.

'이런 방식이 불법 주차하는 사람들에게 조금은 도움이 되겠지? 공간을 찾아 헤매는 게 귀찮아서 가까운 곳에 대충 두고 내리는 사람들이 그나마 고생하지 않게 될 거야'라고 생각했다. 그런데 웬걸…. 잠시나마 그들을 공감했던 내가 바보처럼 여겨졌다. 여전히 '42마 0000' 차는 오늘도 그렇게 세워져 있고, 또 다른 요주의 차도 대각선 주차가 되어 있었으니까.

불편함을 개선해보고자 환경을 바꿔보지만, 불편함은 여전히 그 자리에 머물러 있거나 새로운 불편함이 생겨나는 일상을 자주 접한다.

'무엇을 어떻게 해야 하고 무엇을 어떻게 바꾸어야 모두가 좋은 것을 찾을 수 있을까?'

'모두가 좋은 것은 있을 수 있을까?'

'무엇을 위해 모두가 좋은 것을 찾으려고 노력하는 것일까?'

혁신학교에 대한 관심이 공부로 이어지고 몇 년간 혁신유치원에 몸담아 근무하는 과정에서 '대한민국 교육'에 대해 깊은 고민에 빠져있을 때가 많았다. 혁신학교 이전 교사 시절의 모든 것이 잘못되었다고 부정하는 것은 아니지만, 과정 안에 아쉬움들이 많았다. 돌아보면 나의 학창시절 교육방법도 그러했고, 그래서 결과적으로 드러난 사회적 문제들이 지금 교육자로서 나에게 책임을 묻는 것 같다.

몇 년 전, 두루유치원 근무를 시작하면서 전문적학습공동체가 활발하게 운영되는 이곳에서 동료 선생님들과 '교육'에 대한 많은 고민을 나누었다. 특히, 교육생태계가 아이들에게 미치는 영향이 크다는 것을 인식하고 우리에게 익숙했던 교육환경을 낯설게 바라보았다. 그리고 필요에 따라 공동체의 이해와 동의를 구하며 교육생태계의 변화를 위해 노력했다. 나에게 던졌던 질문들 역시 당연하게 여겼던 것들을 의심하게 했고, 고정관념으로 정립됐던 가치들을 다시 사유하게 했다. 피상적인 성찰이 아닌 교육자로서 어린이 삶과의 만남, 교육과정과의 만남, 함께 근무하는 교사들이나 공동체 안에서의 만남을 통해 내가 어떤 존재로 서야 하는지 끊임없이 돌아보는 시간이었다.

자신을 돌아본다는 것이 '김혜진' 개인 삶에도 영향을 미치겠지만 나와 만나는 아이들, 우리 반 교실 문화에도 연결될 수밖에 없을 것이다. 아이들은 나와 나누는 대화를 통해 교사인 내가 얼마나 자신들을 소중하게 생각하는지 느꼈을 것이고, 두려움 없이 스스로 도전해보도록 곁에서 응원해주고 있다는 것을 알았을 것이다. 아이들이 주도적으로 이끌어가도록 돕는 교실의 문화는 그 울타리 안에서 자유롭게 배움을 경험하게 했을 테고, 이러한 교육과정의 실천이 나를 또 변화하도록 만들었다. 그때를 떠올려보면 아이들과 함께 참 행복했다. 그리고 공동체 안에서 끊임없이 성장했던 내 모습이 그려진다.

어제는 두루유치원 교사였고, 오늘은 두루유치원 원감이 되었다.

정확히 말하면, 두루유치원에서 교사로 근무하다 작년 9월 1일 자로 승진하여 두루유치원 원감으로 발령받았다. 첫 느낌은 두려움이었다. 새로운 자리는 1층 '교육지원실'이었고, 책임감을 안겨주는 부담스러운 명패가 책상 위에 올려졌다. 용용드래곤반 선생님이 명패 뒤에 글귀 하나를 곁들여 주문했단다.

'삶으로 말하는 나'…. 이것이 명패 뒤 글귀이다.

저 글귀를 볼 때마다 나의 삶의 태도가 아이들과 연결되고, 나와 관계 맺은 많은 사람에게 '말하는 대로 행동하는 것이 곧 교육이다'라고 거듭 힘주어 이야기하는 것 같아 묵직한 감정을 느꼈던 때가 생각난다.

원감 발령 이후 참 열심히 살았다. 교사의 자율성을 존중해주는 두루유치원 문화에 익숙해진 나는 원감으로서도 자율성을 발휘한 것이다. 덧붙이자면 원장 선생님으로부터 자율성을 존중받았다. 원감으로 정해진 업무분장 외에도 '지금 이것이 필요해!'라고 느껴지는, 지원해야 할 곳이 있다면 서슴없이 달려갔다. 두루유치원이 지향하는 교육의 방향성을 위해 나뿐 아니라 모든 교직원과 함께 바라보고 같이 뛰어왔다. 이 모든 것은 오롯한 나의 시점에서 비롯한 것이다.

'잘 살아왔을까?'

요즘 드는 생각이다. 교사였을 때 느끼던 것과 또 다른 차원의 불편함들이 느껴진다. 나를 항상 격려해주는 원장 선생님을 비롯하여 지난날 교사로 함께 살아왔던 선생님들에게 도리어 응원받고 있는 듯하지만 최근 나는 '잘 살아왔을까?'를 다시 생각한다. 교사 시절, 아이들 가장 가까이 존재했던 내 모습에 자신감 넘치듯 적어 놓은 위의 글마저 교만하게 느껴지는 요즘이다.

물론, 아이들과 행복했다는 것과 그 시절 내 노력을 폄하하고 싶지는 않다. 다만, 공동체 안에서 서로 연대하며 성장해 왔던 그때와 다르게 '공동체' 해석의 폭을 넓히지 못했던 것들을 돌아보게 된다. 이 과정에서 생겨나는 오해들이 종종 내 마음을 찌르기도 한다. 가끔씩 내 의도와 다르게 전달되고 받아들여지는 바람에 제대로 설명할 기회조차 없어 난감할 때, 그때는 침묵이 말보다 낫다는 것도 경험한다.(보다 나음을 위한 것이지 의사소통의 단절을 말하는 것은 아니다.) 교사로만 집중됐던 관계의 폭을 전체 교직원으로 넓혀가는 것이 과제이지만 공동체가 만족할 것들을 찾는 과정에서 외로움을 느끼기도 한다. 그러다 보니 내가 속해 있는 공동체에 흘려보낸 마음 씀씀이가 누군가에게는 불편한 노력이고 부담스러운 태도였을지도 모른다. 역할이 달라졌으니 새로운 아이템을 장착해야 하고, 아이템 사용에 실패하면 다른 아이템을 구하고 사용해 보는 노력을 부단히 했어야 했다. 깊은 안목으로 탁월한 선택을 하는 노력이 더 필요하다.

지난 1년 반 동안 나는 '모두를 위해 어떻게 도와야 하고 무엇을 어떻게 바꾸어야 모두가 함께 가고자 하는 혁신유치원이 될까?'에 집중했다. 이 글 앞부분에 쓴 것처럼 '무엇을 어떻게 해야 하고 무엇을 어떻게 바꾸어야 모두가 좋은 것을 찾을 수 있을까?'에 대해 내 방식대로 속도를 내고 있었던 것 같다. 모두에게 좋은 것을 찾아보겠다는 버거운 생각을 한 것이다.

12월 거의 한 달간, 1년 교육과정을 돌아보는 평가회가 한창이다. 다각적으로 교육과정을 되살펴 본다. 선생님들은 학급교육과정과 업무를 중심으로 돌아보고, 나는 내가 속한 업무지원팀으로서의 역할을 반추한다. 지원인력의 부족함을 탓하기도 하고, 지원의 한계에 대해 선생님들과 교직원에게 오히려 도움을 구하기도 한다. 더디게 변하고 있는 불편한 교육생태계의 시스템에 더 이상 기대할 수 없는 것인지 거듭 생각해 본다. 지금껏 '교육'을 고민해 오면서 어려움은 항상 있었고, 그것을 변화시키고 이겨나가는 과정에서 내가 경험했던 성장이 있었다. 하지만 원감이 되었으니 좀 더 빠른 속도로 두루유치원 공동체 안에서만큼은 결실을 맺고 싶었나 보다. 모두에게 좋은 것은 결코 없다. 다만, 모두 함께 노력할 수 있으나 그 과정에 성장통을 혹독하게 앓아야 함을 나는 잠시 잊었다. 간절하다고 성장이 빨라지는 것은 아닐 거고, 경험을 통해 생겨진 얄팍한 지식이 있다고 성숙한 것도 아닐 것이다.

주차선 안에 안정적으로 주차하지 않거나 멀리 주차하고 걸어오고 싶지 않아 했던 사람들을 불편하게 느꼈던 순간을 다시 떠올려본다. 그때는 판단했다. 누군가에게는 내가 오히려 불편한 존재였을지 모른다. 마음 닿을 때까지 기다리며 더 노력해야 하는 존재가 나였을지도…. 모든 사람에게는 각각 다른 이유와 감정이 있으며 살아온 삶의 가치가 있을 텐데 나는 옳고 그름의 문제로 해석했던 것 같다. 나의 속도를 기다려주고 있었던 누군가의 섬세한 도움을 나는 금세 잊었나 보다. 그래서 지금은 '멈춤'의 힘 조절을 하는 중이다.

교육과정을 돌아보며 불편해했던 것(바꿔 보고 싶었던 것)들에 대해 묻는다. 그리고 다양한 방법으로 해결해 보기 위해 새로운 도전을 하려 한다. 실수를 반복할 수 있지만 노력은 분명 변화로 나타날 것이라 믿는다. 그동안 두루유치원 공동체에서 서로를 세워 가는 노력을 기울인 만큼, 아이늘을 위한 교육을 위해 늘 성찰하며 성장할 준비에 적합한 아이템을 찾아본다.

나는 '무엇을 위해 모두가 좋은 것을 찾으려고 노력하는 것일까?'를 용기 내어 다시 질문해 보려고 한다. 그리고 그것이 설렘으로 다가왔으면 좋겠다.

[처음-어린이]

걱정 가득한 첫날

교사 **육형준**

　우리 반 초아는 한 번의 등원 없이 1학기를 가정에서 다 보내고, 2학기 시작하는 날 첫 등원을 했다. 교사는 개학을 앞두고 여러모로 긴장됐다. 이미 한 학기를 보내며 반 아이들은 잘 적응해 왔으며 또래 관계도 잘 형성되어 있고, 우리 반만의 질서가 확립되어 있었기 때문이다. 초아가 교실로 들어서면 얼마나 긴장하며 하루를 보낼까, 어떤 친구랑 놀이를 할까, 우리 반에서 정한 나름의 규칙을 어떻게 받아들이고, 또 그것을 아이에게 어떻게 이해시키고 알려주어야 할까. 이런 걱정을 가득 안고서 나도 2학기 첫 출근을 했다.

　아이들이 조금씩 교실로 들어왔다. 그리고 너무도 궁금했던 초아가 마침내 교실로 들어왔다. 나는 아주 큰 목소리로 반갑게 인사했다. 나뿐 아니라 반 아이들도 초아 주변으로 몰려들었다. 나는 얼른 달려가 초아의 가방 정리를 도와주며 물통과 두루톡[1]은 어디에 두면 되는지, 실내화는 어디에 두고 언제 신으면 되는지 등을 알려주었다. 그러고는 초아가 오면 나눠주려고 준비해 둔 새 학기 준비물 왕필통[2]을 선반덮개를 열어 꺼내 들었다. 그리고 "초아야, 이건~" 하고 뒤돌아 초아를 불렀다. 나는 순간 초아를 찾지 못했다. 초아는 이미 여자 친구들 사이에 끼어 앉아 이야기를 나누고 있었다. 초아보다 늦게 등원한 아이도 가방 정리 후에는 초아가 앉아 있는 또래 모임에 들어가 아무렇지 않게 초아와 이야기를 나누고 있었다. 어느 아이도 "초아야!"라고 나처럼 큰 목소리나 놀라게 부르지도 않았고, 매일 보던 친구 대하듯 일상적인 편안함이 아이들이 모여 앉아 이야기하는 곳에 머물러 있었다. 나는 그렇게 초아에게 나눠 줄 왕필통을 들고 덩그러니 서서 한참 동안 초아를 바라보았다. 초아는 그런 나를 신경 쓰지 않았다. 교실에서 가장 편안하지 못하고 긴장한 건 나뿐이었다.

강당으로 놀이 장소를 옮겼다. 강당에서 지켜야 할 안전규칙에 대한 이야기를 먼저 나누고 놀이를 시작했다. 아이들은 마음껏 뛰며 놀이할 수 있는 장소인 만큼 자연스레 '잡기놀이'를 했다. 초아도 잡기놀이를 했다. 친구들 사이를 가장 잘 피하며 도망치는

---

1 학부모와 교사가 아이에 관해 주고받는 메모지.
2 작은 수납함. 가위, 풀, 색연필, 사인펜 등이 담긴 개인물품을 보관한다.

아이가 초아였다. 어찌나 민첩하게 방향을 바꾸고 전속력으로 달리던지, 남녀 모든 아이들이 초아를 잡지 못했다. 이번에는 초아가 잡는 역할을 했다. 초아가 달리는 모습을 보니 잡기로 한 목표 친구가 분명한 것 같다. 초아가 그 친구를 향해 달리면 반드시 잡아내고 말았다. 설마 하는 생각에 나도 한번 도망쳐봤다. 초아가 나를 잡으러 뛰어오는데, 아주 오랜만에 정말 잡힐 것 같은 긴장감이 들었다.

놀이 중 이번에는 줄넘기 바구니를 가져다주었다. 우리 반 아이들은 매일 줄넘기를 20~30개씩 아침운동으로 한다. 친구들이 자연스럽게 줄을 꺼내 들고 줄넘기를 하는 모습에 초아도 관심을 가지며 줄을 집어 들었다. "초아야, 줄 한번 넘어봐, 줄 먼저 넘기고, 발로 뛰어넘으면 돼." 나의 말을 듣고 끄덕인 초아는 사뿐사뿐 뛰다가 매우 빠른 속도로 줄넘기를 하더니 2단 뛰어넘기까지 해 보인다. 그러더니 이번에는 거꾸로 줄넘기를 한다. 나는 그냥 몇 발자국 물러섰다. 입도 다물었다. 내가 괜히 방해만 되는 것 같았다. 줄이 발에 걸리지 않을까, 줄에 맞아 아파하지 않을까 하는 걱정은 나뿐이었다. 그렇게 강당에서도 가장 편안하지 못하고 긴장한 건 나뿐이었다. 결국 나 혼자 걱정 가득한 첫날이었다.

[처음-어린이]

온 힘을 다해 쓴 세 글자

교사 **육형준**

　새로운 유치원, 새로운 교실, 새로운 모든 것이 낯설다. 그렇게 가고 싶었던 유치원인데 막상 유치원에 와보니, 가득 찬 새로움에 긴장도 가득 된다. 나를 제외한 모두가 편안해 보인다. 이 유치원에 새롭게 적응해야 하는 건 나뿐인 것 같다. 아무리 내 유치원, 내 교실이라지만 처음부터 온전히 마음의 문을 열 준비는 안 됐다. 나는 그렇다.

　교실 한 구석에 앉아 아이들이 놀이하는 걸 그냥 지켜본다. 이 유치원을 다니던 아이들은 아무렇지 않게 이곳저곳을 돌아다닌다. 서로 같이 놀며 이야기를 나눈다. 나는 아직 그러고 싶지는 않다. 갑자기 같이 하자고 먼저 말도 걸어오지만, 괜찮다. 난 아직 마음의 문을 열지 못하겠다. 말없이 가만히 앉아 지켜보다 보니, 이제는 지나가다가 멈춰 말없이 가만히 서서 힐끔힐끔 쳐다보고 가는 아이도 있다. 무척 당황스럽지만 여전히 마음의 문은 열 준비가 안 되었기에 그냥 시선을 피한다. 그래도 괜찮다. 나는 아무렇지 않다.

한 자리에 앉아 가만히 있는 것도 힘들다. 뭐라도 해야겠다. 아, 내가 누구인지 알려주어야겠다. 자리를 옮겨 연필과 종이를 쥐어 든다. 오른손은 연필을 꽉 잡고 왼손은 쫙 편 후 종이를 꾹 눌러서 이름을 써본다. 그런데 평소에 너무도 잘 쓰던 내 이름 글자에(물론 다른 글자도 쓸 줄 안다) 오늘따라 삐뚤삐뚤 자꾸만 지렁이가 기어간다. 한 글자 쓰고 나니 양쪽 손목에 너무 힘이 들어갔나 보다. 손목을 두세 번 돌려주어야 다음 글자를 쓸 수 있다. 그래도 예쁘게 쓰고 싶어 얼굴을 종이와 연필 가까이에 대고 다시 써 본다. 한 글자, 한 글자, 또 한 글자. 휴, 가장 익숙한 내 이름 세 글자를 가장 힘들게 써냈다. 아, 이름이면 충분하다. 다른 글자는 쓰고 싶지 않다. 종이와 연필을 내려놓고 고개를 드는데 목이 잘 펴지지 않는다. 뻣뻣해진 목을 겨우 편 후 고개를 좌우로 빙글빙글 돌린다. 뻐근해진 어깨도 앞뒤로 빙글빙글 돌린다. 다시 구석자리로 가서 의자를 꺼내 앉는다. 첫날, 내 이름 세 글자 '김.지.우'를 써서 알려줬으면 된 것 같다.

우리 유치원으로 전입해 온 7세 지우 이야기다. 지우에게 감정이입을 해본 나의 이야기이기도 하다(위 문단까지의 '나는 지우이고 지금부터의 '나는 글쓴이다), 지우의 첫날은 매우 긴장된 모습이었다. 또래들은 물론 나와의 대화도 거의 없었다. 여러 가지 놀잇감을 제시해 보거나 또래의 놀이 속에 함께 들어가자고 제안해 보아도 고개를 좌우로 젓고는 "괜찮아요."라며 앉아 있기만 했다. 내가 앉은 자리와도 멀찍이 떨어진 구석자리에 앉은 채로 한참을 가만히 있었다. 나도 고민되고 걱정되었다.

지우에게 조금 더 편안한 시간, 편안한 무언가를 제공하고 싶었다. 지금 지우에게는 내 것 같지 않은 공간에 모든 게 내 것 같지 않은 물건들일 것 같았다. 며칠 후 나눠주려고 준비해 둔 새 학기 개별물품을 먼저 지우를 위해 '선물'했다. 지우가 반응했다. 모든 게 낯설고 내 것이 아닌 것 같은 교실에서 드디어 '내 것'이 생겼기 때문이다. 확고히 '내 것'을 만들어 보라고 이름을 써 보길 제안했다. 지우가 좀 더 적극적으로 반응했다. 아이들에게 자신의 이름을 쓰는 것만큼 편안한 쓰기 시간은 없을 것 같았다. 그렇게 지우는 내 앞에 자리하고 앉아 이름을 써 갔다.

연필을 쥔 오른손, 종이를 고정시키는 왼손, 양손 가득 힘이 들어가 있는 게 느껴졌다. '김' 한 글자를 쓰고 나더니 손목을 돌린다. 얼굴을 종이에 가까이 대고서 더 신중하게 이름을 쓴다. 온 힘을 다해 쓴 것 같다. 그랬더니 온몸이 굳었나 보다. 고개를 드는데 잘 펴지지 않는지 "아…" 하고 소리를 낸다. 이름 옆 빈 공간에 좋아하는 그림을 그려보자고 제안했다. 괜찮단다. 이름만 쓰고 싶다고 한다. 그러고는 자기 물건을 챙겨 들고 자리에서 일어나 목과 어깨를 좌, 우, 앞, 뒤로 돌리며 다시 구석진 자리를 찾아가 앉는다. 나도 걱정을 조금은 덜고 일어났다.

시간이 흘렀다. 지금의 지우는 이름뿐 아니라 자기가 너무도 좋아하는 '우리 언니'의 이름도 쓰길 좋아하고, 빈 공간은 하트와 좋아하는 여러 그림으로 남김없이 채운다. 더 이상 무언가를 쓰거나 그린다고 해서 손, 목, 어깨 등 뻐근해진 관절을 돌리는 일도 없다.

[처음-어린이]

'마음 읽기'로 아이를 알아가는 중

교사 **박현주**

유치원의 3월은 분주하다. 몸도 바쁘지만 마음도 그렇다. 새로운 아이들을 만나는 달이기에 해야 할 것이 아주 많아서 그런 것 같다. 교사는 그 바쁜 일상에도 새로움, 처음이라는 설렘을 함께 느낀다. 작년에 보았던 다른 반 아이와의 만남도 우리 반에서의 만남은 처음이고, 우리 유치원에 새로 온 아이와의 만남도 처음이기에 모든 우리 반 아이들과 나(교사)의 만남은 늘 새롭다. 그 새로움을 편안함과 익숙함으로 물들게 하려고 부단히 노력하기에 교사는 3월에 그렇게 몸과 마음이 바쁜 것 같다.

내가 3월에 하는 노력은 '아이 알아가기'이다. 처음 만난 아이의 모습을 눈에 담고, 그 아이의 이름을 기억하고, 그 아이의 말과 몸짓을 이해하기 위해 노력한다. 그렇게 '아이 알아가기'의 노력으로 시작된 21년도의 우리 반 18명 아이들 중 한 아이와의 시작은 교사인 나를 종종 시험대에 오르게 하고, 또 다른 교사의 모습으로 변화하고 성장하게 하였다.

동우(가명)의 처음 행동이 지금도 또렷이 기억난다. 처음 우리 교실에 들어와서 한참 이것저것 놀다가 크기와 모양이 가지각색인 나뭇가지가 가득 담긴 나무상자를 바닥에 완전히 뒤집어 놓고(나뭇가지가 바닥에 쏟아진 상황) 그냥 다른 곳으로 가 버린다. 그 모습을 포착하고 이렇게 쏟아놓고 그냥 가면 안 되는 거라고 알려줘야겠다는 생각이 들었다. 다른 아이들이 밟으면 다치기 때문이다. 재빨리 동우의 손을 잡고 쏟아진 나뭇가지가 있는 곳으로 데리고 오면서 말했다. "이렇게 하고 그냥 가면 안 돼. 친구들이 밟으면 다치거든." 그러고는 함께 치우자고 했다. 동우는 아무 말 없이 대충 치우고 다른 곳으로 가버렸다. 이 장면이 나와 동우의 첫 대면이자 첫 대화이며 첫 시작이다.

동우는 그 뒤로도 동물인형, 색연필이 담긴 통 등 다양한 물건들을 교실 바닥에 쏟아놓고 아무 일 없다는 듯 다른 곳으로 가버리는 행동을 자주 보였다. 시간이 지나며 동우의 이런 행동이 잦다 보니 친구들이 놀이 중에 불편함을 호소하여 내가 중재하는 상황이 자주 생기고, 온 교실에 동우가 쏟아놓은 여러 가지 물건이 마구 흩어져 있다 보니 정리하기 힘들어지면서 나도 슬슬 짜증이 나기 시작했다. 동우의 행동이 이해되지 않았다. 이런 행동의 원인을 알려고 하지도 않았다. 동우가 쏟는 행동을 할 때마다 이런 행동을 하지 못하게 가르치고 바로잡아줘야 한다는 생각이 강했다. 그래서 동우를 다그치기도 하고, 한 번만 더 이렇게 하면 엄마에게 말할 거라는 협박 비슷한 것도 했다. 그렇지만 동우는 내 말을 듣는 척도 안 하고, 당연히 대답도 하지 않으며 자기가 하고 싶은 쏟는 행동을 계속할 뿐이었다. 오전 교육과정에 있었던 교사와 동우의 사례를 공유하며 답답함을 해소할 뿐, 동우를 대하는 나의 태도나 마음을 점검해 볼 생각조차 하지 않았다.

어느 날 우연히 원감 선생님이 한 아이의 잘못된 행동에 대해 다가갈 때 아이에게 그 행동을 하게 된 까닭을 물어보고 그 상황에서의 아이의 마음을 읽어주는 모습을 보게 되었다.

순간 쥐구멍에라도 숨고 싶었다. 정말 당연한 것인데 두 가지(이유 물어보기, 마음 읽어주기)를 쏙~ 뺀 것이다. '내가 감히 교사라고 아이에게 직접 지시하듯 행동 교정만을 기대하며 명령하듯이 다가갔구나…' 큰 충격과 부끄러움을 함께 느꼈다.

곰곰이 생각하며 나의 행동에 대해 변명하자면, 나는 교사주도 수업을 주로 경험한 6차 교육과정과 2013년 누리과정 세대다. '아직도 교사주도에서 못 벗어났으며, 놀이중심 유아중심을 온전히 지지하고 지원하기엔 멀었구나!'라는 반성을 하게 되었다. 물론 아이 마음을 읽고 헤아리지 않은 것이 교육과정의 교사주도와는 별개로 볼 수도 있다. 수업과 별개로 아이의 행동이 빨리 바뀌기를 바라는 나의 조급함과 아이를 존중하지 않는 태도 때문일 수 있다.(그래서 변명이라고 한 것이다.) 교사인 나의 인성과 내가 생각하는 유아관의 문제일 가능성이 더 크다. 그렇기에 더 부끄러운 감정을 느끼며 내가 생각하는 유아상, 내가 되고 싶은 교사상을 재점검하고 성찰해 보는 시간을 갖게 되었다.

학기 초에 오전 교육과정 선생님과 함께 내가 생각하는 유아상과 교사상을 담은 학급교육과정을 세웠는데, 그 안에 들어간 나의 유아상은 '소중한 유아'이다. 소중한 우리 반 아이들을 마음에 담으며 '새로운 마음으로 다시 아이에게 다가가야겠구나. 아이의 행동이 이해되지 않더라도 아이에게 까닭을 물어보고, 마음을 읽어줘야겠구나. 이것이 아이를 소중하게 대하는 마음이며 자세지.'라고 새로이 다짐하며 동우에게 다가갔다. 여전히 동우는 작은 고무줄머리끈, 스팽글, 물, 모래 등 다양한 것들을 쏟아놓고 재미나게 웃으며 가버린다.

어느 날, 나의 다짐을 실행할 기회가 생겼다. "왜 이런 행동을 하는 거야?"라고 물어보았을 때 동우는 그냥 "재미있어서요"라고 대답했다. 나는 "그래. 재미있어 보여서 그랬구나~ (한참 뒤) 그래도 다른 친구들이 불편해하니까 다음에는 얼른 치울 수 있어?"라고 했다. 동우는 이어서 "친구들이 불편해해요?"라고 되물으며 친구들의 마음을 궁금해하기도 한다. 자신의 마음을 읽어주었기에 동우는 친구들의 마음이 궁금한가 보다.

아직도 동우는 물건을 쏟으며 깔깔깔~ 큰소리로 웃으며 교실을 어지럽힌다. 오늘은 자료실에 있는 베이킹소다 봉지를 가위로 싹둑 자르고 가루를 뒤집어엎었다. 오늘도 까닭을 물어보았다. "그 안이 궁금해서요." 궁금하다는데…, 궁금하면 잘라서 확인해 봐야지… 그게 맞는 말인 것 같다. 아이들 세계에서는 다음에 벌어질 상황은 신경 쓰지도 걱정하지도 않으니~ 일단 확인해 보는 게 아이들이지.(모든 아이가 다 그런 것은 아니지만) 사실 치우는 일이 고되고 번거로워 한숨이 절로 나왔지만 나는 그렇게 아이들 세계와 그 아이를 이해해보려고 노력했다.

동우가 이어서 질문을 하니 동우와 더 많은 대화를 이어가고 싶었다. 동우는 숫자를 엄청 좋아한다. 어떤 날은 온종일 숫자를 쓰고 있을 때가 있다. A4 종이, 화이트보드, 분필칠판, 포스트잇 등 다양한 재료에 숫자를 쓴다. 100까지는 기본으로, 그것도 순서대로 쓴다. 숫자 쓰기를 하는 날에는 온통 숫자 질문만 한다. 숫자로 된 시계(몇 시예요?), 숫자가 보이는 체온계 온도(저 몇 도예요?), 날씨나 미세먼지의 온도(날씨 마이너스 30도는 추워요? 남극이 마이너스 30도예요?), 자동차 시속(300킬로미터, 빨라요? 느려요?) 등을 물어보며 숫자로 답해주는 질문을 한다. 한참 동안 집중해서 숫자를 쓰고 숫자로 답이 나오는 질문을 하는 동우가 신기하기도 하고 기특하기도 하고 재미있다. 그래서 동우가 숫자에 몰입하는 날에는 동우가 쓰고 있는 숫자를 유심히 보고, 숫자 대화로 하루를 보낸다. 내가 성실히 답해주면 동우는 숫자에 대한 공통 관심사로 공감대가 형성되어 뿌듯한지 숫자에 대한 질문을 끊임없이 한다.

어느 날은 숫자를 좋아하는 동우가 계산기가 필요하다고 해서 옆 반 선생님께 빌려왔다. 한참 계산기를 두드리더니 숫자 나온 것을 보고 "선생님, 이것 보세요. 이렇게 무한대로 나와요."라며 좋아한다. 손으로 누르면 '딸깍'거리며 숫자가 나오는 도구를 옆 반에서 빌려 놀다가 우리 반에도 구입하여 동우에게 주었다. 친구와 더 많이 눌러서 높은 숫자로 만드는 시합을 하다가 실수로 0000이 되자 엄청 속상해하며 울먹인다. 1004까지 만들었는데 0000이 되었다고 속상하다는 것이다. 내가 1004까지 열심히 만들어주었다. 다시 시합할 수 있었다. 저렇게 숫자를 좋아하는 아이를 처음 보았다. 동우가 좋아하는 관심사에 대한 대화와 놀이를 통해 동우의 세계에 한 발짝 더 가까이 간 것 같고 이이를 더 깊이 이해하게 되었다.

교직 생활에서 처음 경험하는 동우의 이해하기 어려운 행동이 나의 유아관을 돌아보게 만들고, 아이들을 대하는 태도를 변화하게 하고, 나를 더 좋은 교사로 성장하게 해주었다. 역시 내가 아이들로부터 더 많이 배우는 건 사실인 것 같다.

[처음-공동체]

당신은 나의 동반자

교사 **박지현**

근무시간 중 카톡 알림창에 뜨는 새로운 메시지를 확인하려 핸드폰을 들여다본다. 채팅창을 누르자마자 글자보다 웃음, 미소, 인사를 표현하는 형형색색의 귀여운 이모티콘이 가득하다. 게다가 이모티콘 앞뒤로 색색깔의 하트가 이미 채팅창의 절반을 차지한다. 사랑 넘치는 이모티콘들 뒤에 시작되는 첫 문장, "똑 똑~ 선생님~ 잠시만 실례합니다~" 오늘도 학부모회장님과의 채팅은 늘 이렇게 따뜻하고 기분 좋은 웃음으로 시작한다.

두루유치원 학부모회는 참 말도 많고 탈도 많은 과정을 통해 만들어진 기억이 난다. 유치원이 처음 문을 열던 해, 열심히 한다고 해도 학부모님들의 불평과 요구는 늘어만 가고, 어떤 때는 학부모님들이 단체로 찾아와 원감 선생님과 선생님들을 불러 모아 놓고 조목조목 항의하는 사태가 벌어지기도 했다고 한다. 그땐 내가 근무하기 전이지만, 그런 기억들 때문에 유치원도, 선생님들도 학부모님들에게 어떤 기대도 하지 않고 마음의 문을 단단히 걸어 잠근 채 서로 대치하고 있는 듯한 분위기로 지내던 때가 있었다.

과거 혁신유치원을 시작할 땐 그 말의 진정한 의미를 알지 못한 채 "교육공동체, 교육 3주체, 교육적 동반자"라는 말들을 구호처럼 외쳤었다. 불편한 감정은 마음 한쪽에 접어둔 채, 교육에 대한 고민을 함께해야 하는 존재로 학부모들을 조금씩 받아들이려고 참 많이 노력했다.

그 덕에 학부모동아리를 거쳐 학급 단위 학부모 다모임 그리고 학부모회 결성 등 6년의 짧지 않은 시간이 흘렀다. 그러면서 우리는 학부모와 유치원이 함께 교육을 고민하고 책임지는 존재가 되어간다는 것의 의미를 조금씩은 알아가고 있고, 아직도 배워가는 중이다.

하트와 귀여운 이모티콘으로 시작되는 회장님과의 카톡 메시지 창에는 이번에 준비하고 있는 학부모님들의 피포페인팅 작품 전시 기간이나 운영방식, 필요한 준비용품 등에 대한 질문과 답변 외에도 오가는 것이 있다.

"선생님, 오늘 우리 해인이가 숲 놀이터에 가서 발견한 것들을 집에 와서 형이랑 동생한테 이야기하는데 얼마나 자랑스럽게 말하는지, 그 모습을 보고 있는데 마음이 막 벅차오르더라고요. 전 정말이지 두루유치원 선생님들의 열정과 노력에 매일매일 감동입니다~"라며 한껏 들뜬 목소리가 채팅창을 넘어 목소리로 내 귀에 전해지는 듯하다.

사실 이런 칭찬은 너무나 사소하고 일상적으로 유치원에서 하고 있는 것들(가령 아이들과 동네 숲에 숲놀이터를 만들고 그곳을 매주 방문하는 것 같은 일들)이라 번번이 고맙다는 인사를 들을 거라고는 생각도 하지 않았다. 하지만 그 일상적인 실천들에 대한 가치를 알아보고 표현해주는 말들을 통해 우리는 가슴이 뭉클해지고 따뜻해짐을 느끼게 된다.

우리는 그렇게 대화 사이사이 마음을 전하고 나눈다. 그러다 보면 대화는 순식간에 선생님들이 요즘 숲에 가서 아이들과 새롭게 발견하고 도전해보는 일상의 이야기라든지, 현재 고민거리(예를 들어, 숲에 가서 밤송이에 찔려 다친 어린이의 부모님이 속상해하셨는데 우리 유치원에서 가는 숲 놀이터에 밤나무가 많아 걱정이라는 이야기 같은)들로 자연스럽게 이어진다.

그런 대화들은 어느새 학부모회 임원들과의 협의 주제가 되기도 한다. 또한 숲 놀이터길 부모들은 어떤 역할을 하고 도움을 줄 수 있는지, 숲에서 아이들이 다칠 수 있는 점에 대해 학부모님들을 안심시키고 이해시키기 위해 같은 부모 입장에서 어떤 이야기를 해줄 수 있을지 등을 함께 고민하게 된다.

학부모회와 소통하는 것이 업무로만 여겨지고(물론 일로 만난 사이이기는 하지만…) 그 이상의 신뢰나 이해, 배려 관계가 만들어지지 않았다면 지금처럼 기쁜 마음으로 소통할 수 있었을까? 생각해본다.

우리의 공통분모인 아이들이 있고, 또 그 아이들을 위해 좋은 교육을 하고 싶은 같은 마음을 서로 알아주고, 더 나아가 서로의 짐을 함께 지고 가고 싶다는 마음이 통하고 있다는 생각이 드는 것, 그런 것을 경험하면 그땐 이해하려고 애썼던 교육공동체, 교육 3주체, 교육적 동반자 같은 단어들에 단번에 동의가 된다.

유치원 학부모들은 길어야 3년 정도 함께한다. 그러니 꽤 열심히 견고하게 구축해 놓은 학부모회라 할지라도 해살이 하듯 매년 같은 온도의 감동을 공유할 수 있다고 자신하기 어렵다. 하지만 그래도 우린 여전히 노력해보려 한다. 두루유치원이라는 곳에서 우리는 하나의 이유를 가지고 만난 사람들일 테니까. '어린이의 행복'이라는 같은 꿈에 대한 서로의 진심을 존중하고 이해한다면 함께하지 못할 일이 뭐가 있을까?'라는 생각을 잊지 않으려고 한다. '부모님, 당신은 나의 동반자입니다. 저와 함께 이 길을 가주시겠습니까?'라고 진심을 담아 손 내밀면 어떨 땐 차가운, 또 어떨 땐 뜨거운 손이 나의 손을 잡아주지 않을까? 기대하면서….

[처음-공동체]

코로나는 우리에게 처음이라

교사 **박세영**

　아이들과 '처음'을 맞이할 생각에 약간은 달뜬 분위기의 2월 어느 날이었다. 어떻게 아이들을 맞이할지, 처음 우리 반에 들어오는 아이들은 어떤 기분일지, 어떻게 하면 새로 유치원에 온 아이들이 '유치원은 편안하고 재밌는 곳'이라고 느낄 수 있을지, 다양한 생각들을 동료 선생님들과 나누며 3월 2일 개학을 기다리고 있었다. 그리고 개학을 연기하라는 통보를 받았다.

　일단 개학이 연기되었으니, 개학 준비를 할 시간이 늘어났다. 처음에는 개학 준비 기간이 늘어났으니 준비를 더 할 수 있겠다는 생각이 들었다. 우리의 처음을 연기했던 처음 겪는 일로 인해 틈이 없던 삶 속에 조금의 틈이 생겼다. 그 틈에, 전문적학습공동체에서는 개학이 연기된 동안 열심히 독서도 하고 토론도 했다. 한 치 앞을 알 수 없던 어떤 순간에는 그 짧은 틈이 감사하기도 했다.

그러나 조그만 틈을 허락하는 듯했던 처음 겪는 코로나 상황은 당혹과 불안의 처음이 되어가고 있었다. 개학이 또 연기되었다. 코로나 팬데믹이라는 처음 겪는 상황은 우리가 기대하고 희망하던 처음을 흔들어 놓았다.

초·중·고등학교는 온라인 개학, 유치원은 무기한 개학 연기라는 교육부의 발표를 교무실에서 선생님들과 함께 접했을 때의 충격이 생생하다. 공문 한 장 없이 우리도 실시간 중계되는 속보에서 앞으로의 처신에 대해 통보받았다. 처음 겪는 이 상황에서 우리는 무엇을 할 수 있을지 몰랐고, 그런 보이지 않는 미래는 당혹과 불안으로 이어졌다. 그러나 그러한 무기력함과 불안을 오래 드러내고 있을 수는 없었다. 같이 모여 이 상황을 어떻게 받아들일지와, 우리가 할 수 있는 일에 관해 이야기했나. 무기한 개학 연기 발표 직후, 무기력함과 불안함은 떨칠 수 없이 무거웠지만 일단 아이들을 먼저 생각해보았다. 어려운 상황에서 우리에게 첫 번째, 처음은 아이들이었다.

처음 겪어보는 일에 긴급돌봄만으로도 유치원은 벅찼다. 누가 긴급돌봄의 운영 주체인가는 공동체 안에서 갈등과 균열을 만들어내기도 했다. 처음 우리에게 일어난 일들로 인해 급식 먹는 일에서조차 고려해야 하는 여러 가지 경우의 수들이 생겨났다. 그러나 그보다 더 어려운 점은 유치원에 나와서 다양한 관계를 경험하며 자신들의 삶을 살아야 하는 아이들이 '집 밖은 위험'하고 '사람 만나는 것'도 걱정해야 하는 일이라는 것을 배우고 있다는 것이었다.

무엇이든 해야 했다. 그러나 아무것도 할 수 없었다. 우리에게 익숙한 것들을 잘하는 방법으로 하는 것을 할 수 없었다. 새로운 시도와 도전이 필요했다. 변화는 묵묵히 기다리는 것이 아니라 익숙한 방식들을 버리고 새로운 것을 시도하는 것임을 우리는 잘 알고 있었다. 그러나 우리가 지향하는 가치는 잊지 않고 가자고 매일 다짐하듯 이야기했다. 효율성보다는 민주적인 공동체의 문화를 지키겠다고 했다. 누구 하나의 희생으로 이 어려움을 극복해가는 것은 옳지 않은 것이었다. 기존 협의체가 구동되었다. 그러나 협의체에서 논의되는 내용과 방법은 달라야 했다.

해보지 않은 일이었기에, 우리에게 처음이라 어려웠고, 사실상 개학 연기로 모든 것이 멈추어진 상황이지만, 우리가 해왔던 '교육'도 할 수 없지만, 우리가 만난 그 처음에서 우리의 역할과 교육의 본질을 다시 논의하였다.

지금 아이들의 삶에서 어떤 배움이 필요한가? 아이들에게 삶에서 찾아오는 위기와 어려움을 대하는 태도를 보여주고 싶었다. 거기에는 아이들과 함께 지금을 살아내는 선생님이 되자는 다짐이 있었다. 제작된 고퀄리티 콘텐츠가 차고 넘치지만, 그런 콘텐츠는 아이들의 삶과는 거리가 있었다. 익명의 대중을 향해 만들어진 콘텐츠가 아니라 두루유치원에 다니는 5세 김세종이 보면 좋겠다는 생각으로 김세종의 선생님인 우리가 콘텐츠를 만들자고 했다.

코로나로 변화된 우리의 삶을 아이들이 이해하고 받아들일 수 있도록 관련 영상들을 찍고, 유치원에 나오지 못하는 상황에서도 건강하고 안전하게 지낼 수 있는 안전 수칙들을 알려주는 콘텐츠도 만들었다.

다른 유치원과 타시도 교육청에서는 놀이꾸러미라는 이름으로 아이들에게 배부되었다. 그러나 단순히 가정에 있는 아이들의 놀이를 지원하는 것이 아니라 그 안에도 우리가 담아야 할 배움의 내용과 가치를 담아 '놀.루.와'(놀자. 두루유치원. 와~)를 기획했다. 거기에 아이들과 삶을 공유하고, 지혜롭게 어려움을 견디고, 살아가고 싶은 선생님들의 마음을 담았다.

놀.루.와. 상자를 배부하는 방법에도 두루유치원 공동체의 고민이 있었다. 놀루와 상자는 1학기에만 4회가 배부되었다. 200여 개의 택배를 4회 보내면 택배 박스만 800개다. 택배 기사님은 800개를 배달하셔야 한다. 그렇지 않아도 코로나로 모두 온라인 쇼핑을 하는데 우리까지 800개의 택배를 보태야 할까? 우리 유치원 아이들은 대부분 유치원에 걸어서 등원할 만큼의 거리에 살고 있다. 그래서 등장한 것이 '산책스루'이다. 놀루와 상자 포장도 고민되었다. 한번 쓰고 버릴 일회용 가방과 일회용 박스는 아이들에게 나누어 주면서도 마음의 짐이 되었다. 평소 아이들과 나누던 환경에 대한 고민을 떠올리며, 놀루와 상자의 내용물만 준비하고 상자를 담는 장바구니는 각자 집에서 가져오기로 했다. 그래서 놀루와 상자를 배부하는 기간에는 유치원 앞에 물건들이 가득 쌓여있고, 아이들은 부모님 손을 잡고 산책하면서 장바구니를 들고 오기도 하고, 킥보드에 장바구니를 매달고 오거나, 동생이 타는 유모차에 장바구니를 넣어오는 모습들이 펼쳐졌다.

아이들은 유치원에 오지 못해도 '큰일'이 나지 않았다. 그 '큰일'이란 '배움이 일어나지 않는 일'일 것이다. 유치원에서만 배울 수 있는 것이 아니라 아이들은 어디서든 배움을 이어가고 있었다. 그렇다면 유치원이란 교육기관은 필요한가? 유치원에 오지 않으면 오지 않는 대로 아이들은 잘 적응해가고 있었다. 유치원에서, 학교에서 정말 아이들이 배워야 할 것이 무엇인가? 코로나를 경험하면서 절실히 깨달은 것이 있다. 교육한다는 것은 곧 관계를 맺는다는 것이었다.

　대면하지 못한 상황에서 어떻게 관계를 만들어갈까? 관계 맺기의 부족함을 채우는 것을 원격수업의 목표로 삼았다. 졸업식 및 입학식 취소와 사회적 거리두기로 화훼농가가 어렵다는 소식이 들려오고 있었다. 그래서 화훼농가도 돕고, 아이들과 부모님들의 정서적 방역을 할 수 있는 묘안으로 집에서 기를 수 있는 화분을 나누어 주었다. 두루유치원 앞을 지나가는 사람들에게도 아이들이 응원과 격려의 메시지를 담은 다육식물을 심어 유치원 울타리에 걸어두었다. 두루유치원 어린이들에게 위기란 서로의 어려움을 알아주고 응원해주는 것이고 함께 이겨나갈 수 있는 것이 되었다.

　2학기에는 유치원에서 절대 불가능할 것 같은 실시간 온라인 수업을 시도했고, 해냈다. 9월 등교 중지 기간 동안 아침 10시부터 12시까지 온라인 회의실을 개설해서 교사는 상주하고 어린이들은 2시간 동안 원하는 시간에 들어와서 원하는 만큼 있다가 나가는 방식으로 운영했다. 아이들은 실시간 화상회의 공간에서 그동안 어떻게 지냈는지 선생님과 친구들에게 이야기하고, 보고 싶은 친구를 기다리기도 했다. 선생님에게 원격수업으로 어떤 그림책을 읽어 달라고 하기도 했고, 어떤 노래를 배우고 싶다고도 했다. 2시간 동안 온라인으로 아이들을 만나는 일은 각오했던 것보다 힘들었다. 기진맥진한 상태가 되어야 화면 창을 끌 수 있을 만큼 아이들과의 온라인 수업은 긴장되고, 평소보다 더 많은 에너지가 필요했다. 한순간이라도 어색한 침묵이 흐르지 않게 해야 했고, 대면 수업보다 감정이 전달되지 않을까 하여 평소의 몇 배는 더 격렬하게 표현해야 했기 때문이다.

아이들에게 실시간 온라인 수업이 디지털 매체를 기반으로 하는 수업 방법이었다면. 아날로그 감성이 묻어나는 수업 방법도 있었다. 바로 선생님이 써주는 손편지다. 담임 선생님이 보낸 손편지는 다섯 살 어린이들의 인생에 자기 이름으로 온 최초의 우편물이었다. 비록 글자를 읽지 못하지만 빽빽하게 쓰여 있는 편지를 받고 아이들은 기뻐했다.

교육 주체들의 자치는 어떤 방식으로 이루어질 수 있을까? 두루유치원의 3월 학급 이름은 3세 1반 4세 2반 5세 3반… 이런 식이다. 학급 이름이 정해져 있지 않고 3월에 아이들이 학급 다모임을 통해 학급 이름을 지어주기 때문이다. 그러나 올해는 그 학급 다모임을 하지 못했다. 그렇다면 이름이 없어도 될까? 온라인 학급 다모임 역시 우리에게는 처음이었다. 아이들이 온라인 학급 다모임을 할 수 있을까? 물론 부모님의 도움이 필요했다. 부모님이 메신저 역할을 하셔야 했지만, 처음 해보는 온라인 학급 다모임으로 두루유치원 10학급의 이름이 생겼다.

　개학을 맞은 두루유치원은 아이들 간 거리두기를 위해 원격수업과 등교수업을 병행하기로 했다. 학급 아이들을 A팀과 B팀으로 나누고 A팀이 등교하는 동안 B팀은 원격수업을 하는 방식이다. 이는 쉽지 않은 결정이었다. 원격수업과 등교수업을 동시에 준비하고 실행하는 선생님들로서는 버거운 일이기 때문이다. 1시에 아이들이 하원하면 허겁지겁 교실 청소를 하고, 교무실로 와서 숨 돌릴 틈도 없이 학부모와 전화로 상담하고 나면 시간이 훌쩍 지나 있다. 어떤 날은 전문적학습공동체를 해야 할 때도 있고, 어떤 날은 급하게 해야 할 일들이 생겨난다. 출장 가야 하는 날도 있다. 이런 와중에도 두루유치원 선생님들은 원격수업 콘텐츠를 직접 만들고 있다.

　이렇게 고생을 사서 하는 것은, 모든 아이가 등교했을 때 좁은 교실에서 23명 아이들의 자유로운 놀이를 보장할 수 없기 때문이다. 우리 유치원의 교육철학과 가치를 미뤄두고 어쩔 수 없는 상황에서 아이들을 철저히 통제하는 것이 주어진 교사의 새로운 덕목이 될 수도 있었다. 그러나 우리의 우선순위, 처음은 교육적 철학과 가치를 지켜가는 것이었다. 아이들은 유치원에서 불완전하긴 해도 일상을 지켜가고 있다.

　1/2 등교 기간, 등교수업에서 원격수업으로 전환되는 아이들에게 "일곱 밤 자고 만나자."라고 인사했다. 그 말에 너무나 천진난

만하게 "나는 내일 또 올 거예요."라고 대답하는 아이들이 있었다. 그 아이들에게 그다음 일주일은 어떤 시간이었을까? 내가 모르는 시간을 보내고 다시 유치원에 온 아이들은 낯설고 어색했고, 그 낯섦과 어색함을 조금 떨쳐버릴 무렵 다시 일주일의 기다림이 기다리고 있었다.

원격수업은 아무리 열심히 해도 대면 수업의 질을 따라갈 수 없었다. 처음으로 아이들이 유치원에 모두 나오게 되었을 때, 거리두기에 대한 걱정보다 오히려 마음이 편했다. 교사로서 내 할 일을 잘하지 못하고 있다는 부채감으로부터의 해방이었을지도 모르겠다. 유치원 운영에서 방역이나 거리두기를 위해 해야 할 일이 더 늘었지만 그런 일쯤은 접어두고라도 좋았다. 다시 원격수업 체제로 돌아가고 싶지 않았다.

지금은 마스크가 몸의 일부처럼 여겨져서 아이들이 교실에서 마스크라도 벗겨지는 일이 생기면 소스라치게 놀라곤 한다. 아이들은 유치원에 등원하면 당연한 절차로 체온을 재고 손을 소독한다. 줄을 설 때는 바닥에 표시된 2m 선에 대한 질문 없이 거기에 맞춰 선다. 방역과 거리두기의 규칙들이 아이들의 일상으로 자리 잡아가고 있다. 코로나 상황은 새로운 질서를 만들었고, 그 질서 안에 살면서 코로나 이전의 것들을 무화無化시킨다. 우리는 전혀 다른 새로운 시간을 살아가는 것이다.

　　코로나가 두루유치원 공동체에게 던져준 처음의 낯선 분위기에는 질문이 있있다. 처음 겪는 코로나19는 누루유치원 공동체에게 그 질문에 답하기를 종용했다. 우리의 의지와 아무런 상관없이 처음이 던진 질문에 응답하기 위해 당연함을 버렸다. 당연히 유치원에 오고, 유치원에서는 당연히 무언가를 배우고, 당연히 살아가지만 그 당연함에 이유를 찾지 못했다. 코로나라는 처음으로 당연히 했던 것들 깊숙이에 있는, 우리가 당연히 해야 하는 것들의 이유를 찾았다.

　　프랑스 시인 루이 아라공은 '가르친다는 것은 희망에 대해 이야기하는 것'이라고 했다. 아이들이 자신만의 꿈을 꾸며, 나와 함께 살아가는 사람들과의 만남에서 설레는 관계를 맺고 살아갈 수 있는 것이 우리가 노래해야 하는 희망이 아닐까? 우리가 만난 코로나라는 처음은 질문을 만들고 그 질문에 우리는 실천으로 답했다.

자람

자라는 것은 눈에 보이는 것보다 보이지 않는 자람의 수가 많다.
그리고 보이지 않는 자람은 잘 알아차리지 못하다가
어느 날 '어? 내가 언제 이렇게 할 수 있게 되었지?'
'놀랍다'라고 알게 될 때가 많다.
내 키가 조금 자랐다.
친구에게 자리를 양보해주었다.
친구를 기다려주는 여유를 갖게 되었다.
높은 곳에서 안전하게 뛰어내리는 방법을 알았다.
달리기가 빨라졌다.
내 생각을 잘 말할 수 있게 되었다.
친구에게 놀자고 먼저 손 내밀며 말하게 되었다.
내 마음이 커가는 걸 알게 되었다.
내가 먼저 친구에게 미안하다고 말할 수 있게 되었다.

[자람-나(교사)]

성장통을 덜어주는 주사

❀

교사 **이혜리**

신규교사로 임용되어 두루유치원으로 발령 나고 얼마 되지 않은 날, 나의 일기에는 이런 글이 적혀 있었다. "전문적인 성장이 필요한 생존기에 이곳은 교사로서 정말 엄청난 성장이 기대되는 곳이다."

이때는 장밋빛 성장만 떠올리며 이런 글을 썼지만, 내가 놓친 것이 한 가지 있었다. 성장에는 고통이 따른다는 것이다. 누군가가 아픈 만큼 성장한다고 했던가, 성장통이라는 말이 괜히 나오는 게 아니었다. 이곳에서 나는 아이들만큼이나 가지각색의 성장통을 겪으며 1년을 지내왔다.

나의 한 해를 돌아보면, 고민의 연속이었다. 아이들을 사랑하기만 하면 다 되는 줄 알았는데, 사랑하기 위해서는 생각보다 많은 에너지가 필요했다. 너무도 자유로운 아이 때문에(어쩌면 그 아이도 성장통을 겪는 과정일 텐데) 그 아이와 씨름하느라 모든 에니지를 쏟아부을 때면 때로는 나의 생활지도 능력이 부족해서 어린이가 이렇게 제멋대로 행동하는 것 같고, 어린이들이 하는 놀이를 바라보고 있을 때면 —너무도 잘 놀고 있음에도— 나의 놀이 지원이 부족해서 어린이들이 유치원에서 더 폭넓은 경험을 하지 못하는 것 같았다. 아이들을 마주하는 순간마다 이런 고민을 하면서 나 스스로가 서툰 나를 탓하기에 바빴던 것 같다.

그렇게 어느새 12월이 되어 선생님들과 학급 교육과정을 평가하는 날이 되었다. 올해 혼합연령으로 학급 편성이 바뀌면서 각 학급의 교육과정을 학기 초에 세웠는데, 학급 교육과정을 돌아보며 1년의 유치원 생활을 찬찬히 되짚어보게 되었다. '우리 반 교육과정에서 나는 어떤 걸 했을까?', '교육과정을 잘 풀어갔을까?'를 고민하며 막상 정리하려 하니 어렵고 난감하기도 했다.

어쩌다 보니 첫 번째로 발표하게 되었는데, 시작과 동시에 눈물이 터지고 말았다. 나의 부족함과 아쉬움을 적나라하게 마주한 느낌이랄까…. 눈물의 학급 교육과정 평가를 마치고 선생님들께서 한마디씩 해주셨는데, 원감 선생님께서 "혜리쌤, 1년 동안 잘 지냈어요, 잘했어."라고 하셨다. 그 말을 듣고 '아닌데… 잘 못한 것 같은데 왜 잘했다고 하시는 걸까? 그냥 위로해주려고 그렇게 말씀하

시나?'라는 생각으로 고개를 가로저었다. 하지만 그 뒤에 선생님이 덧붙인 말씀을 듣고는 그 의미를 온전히 이해할 수 있었다.

"교사로서 생존기에 경험해야 할 것들을 경험하고, 고민해야 할 것들에 대해 알고 고민하는 과정을 거친 것 자체로 이 생존기를 '잘 살아온 것'이에요."

그때 문득 이런 생각이 들었다. 내 부족함이 나에게 이렇게 잘 보이는 만큼, 다른 선생님들도 나의 부족함과 아쉬움을 많이 느끼셨을 수도 있을 텐데 그 누구도 나를 탓하거나, 나의 부족함을 꼬집지 않으셨다는 것이다. 그저 이 성장통을 믿고 기다려주시려는 듯했다.

잊고 있던 일들이 하나둘씩 떠올랐다. 수업을 끝내고 오면 "선생님, 오늘은 어땠어요?"로 시작하는 작은 대화로, 전문적학습공동체를 하며 수업 협력주간을 통한 교실 지원으로, 우리 반 아이와 나의 고민을 자기 반처럼 고민하고 도와주시려는 여러 노력으로, 때로는 따뜻한 메시지들과 눈빛으로….

모두가 애정 어린 눈으로 바라보며 막내의 성장통이 부디 아프게만 지나가지 않기를 응원하고 있었던 것이다. 그렇게 나는 성장통을 덜 아프게 하는 주사를 맞고 있었다.

언젠가 선생님들과 이런 이야기를 한 적이 있다. 민주적인 문화를 유치원 내 교사들과도 경험해보지 않고 어떻게 우리 교실에서 민주적인 문화를 실천할 수 있겠는가. 마찬가지로 존중과 믿음, 배려의 문화를 내가 선생님들을 통해 몸소 느꼈기 때문에 나도 우리 교실에서 어린이를 '믿고 기다려줄 수' 있게 된다.

이제는 성장통이 그리 아픈 것만은 아님을, 나쁜 것만은 아님을 안다. 그 과정에서 나의 가능성을 믿고 응원하는 동료 선생님들과, 사랑하는 우리 반 아이들과 '함께'이기에 성장통이 두렵지 않다.

다시 어린이를 본다. 내가 느낀 그 성장통처럼, 내가 받은 믿음과 격려처럼, 그저 이 아이의 성장통을 믿고 기다려줄 수 있게 된다. 그렇게 사랑이 흘러간다.

[자람-나(교사)]

나도 그 안에서 자라는 것 같다. 한 뼘 정도

교사 **백은미**

　말없이 거미줄을 바라보게 되는 누리달 유월 어느 날, 우린 유치원 뒷문으로 나가면 이어져 있는 공원에 나가 있었다. 초여름 빛을 담은 토끼풀이 낮은 언덕을 점령한 공원은 온통 초록세상이 되어 아이들마저 푸르게 했다. 주민들을 위한 공원에는 작은 개울이 있다. 이 개울에 흐르는 물의 정체를 궁금해하는 사람들이 꽤 많은데, 간혹 이유 없이 물이 전혀 없기도 하고 갑자기 흐르기도 하는 것으로 보아 세종시에서 정수 물을 흘려보내는 것 같다.
　물이라면 너무 좋아하는 우리 반 푸름이가 개울물을 뚫어지게 쳐다보며 즐겁게 소리쳤다.

"와, 아아아아아~"

그러자 꼬마와 마찬가지로 저쪽에서 놀던 여름이가 달려와 신을 벗어 던지고 소리쳤다.

"나 들어갈래, 갈래, 갈래."

아이의 한쪽 손을 잡은 교사는 개울에서 최대한 멀어지게 잡아당기며 엄하게 말했다.

"안 돼, 장화를 신어야 해, 약속했잖아. 발 아파. 약속했잖아."

아이는 교사에게 손목을 잡힌 채 개울 쪽으로 가려고 발버둥 쳤다. 아이가 떼를 쓰자 교사는 풀밭 쪽으로 더 잡아끌었다. 아이는 결국 울음을 터뜨렸다. 교사가 안으려고 했지만 팔다리를 축 늘어뜨리고 계속 소리 질렀다. 교사와 아이 모두 서로가 원하는 것을 모른 척했다. 길거리에서 아이가 대성통곡하면서 원하는 것을 해달라고 조르는 상황이었다. 여름이는 이런 상황에서 소리 지르는 데 선수였다.

"아아앙 우우우웅할 거야, 할 거야, 할 거야."

교사는 당황했다. 사람들이 '선생이 아이에게 무슨 짓을 했기에 저러지?' 하고 생각할까 봐 걱정스러웠다.

우리 반에서 평소에도 호기심이 많은 아이, 달빛이와 하루가 풀밭에서 놀다가 이 광경을 지켜보고 있었다. 두 아이는 당연히 장화를 신고 있지 않았다. 아이들이 서 있는 그곳과, 나와 여름이 사이에는 개울이 시원하게 콸콸콸 소리 내며 흘러가고 있었다. 달빛이와 하루는 교사를 지나쳐 저벅저벅 개울에 들어갔다. 신발을 신은 채로. 그러고는 싱긋 웃으며 소리쳤다.

"여기 엄청 시원해. 선생님, 들어와요!"

교사와 여름이가 그 두 아이들을 쳐다보았다. 여름이는 울음을 그쳤다.

이때의 교사는 아무 생각도 나지 않는 듯 멍하게 그 아름다운 광경을 바라봤다. 그러니 다른 나무가쑥쑥반 아이들이 어떻게 빠질 수 있겠는가. 풀밭을 내달려 개울에 들어가 먼저 들어간 달빛이와 하루 옆에 나란히 섰다. 다리 사이로 콸콸 소리 지르는 개울물이 간질간질한다며 엄마기 오늘 세탁해 수었거나 새로 사 준 운동화를 신은 채였다. 개울에 선 아이들은 교사와 교사에게 손목을 잡힌 여름이를 보며 싱긋 웃었다. 그러자 평소 두려움 가득하던 열매와 겨울이마저도 신을 신은 채 개울에 들어가 섰다. 그리고 들어가서 소리 질렀다. 신나게.

"아, 차가워~~~~"

여름이가 웃으며 교사의 손을 억지로 빼내고 개울로 내달려 들어갔다.

아이들의 눈길이 교사에게 모였다.

모든 눈길의 중심에 서게 된 교사는 난처함과 당황스러움이 뒤섞인 표정이었다. 교사는 선생으로서 딜레마에 빠졌다. 아이는 주의하는 법을 배워야 한다. 하지만 개울에 장화를 신고 들어가야 한다는 약속은 지켜져야만 할까? 물속에 들어가서 신이 젖는다고, 또는 맨발로 들어간다 한들 무슨 큰 위험이 있을까만, 교사는 아이가 다치지 않고 잘 지내기를 바란다. 하지만 개울에 들어간다고 꼭 다치는 건 아니고 언제 어디서든 다치는 일은 생긴다는 것쯤은 누구나 안다. 이미 "안 돼"라고 한 상황에서 물러서기는 참 어렵다. '여기서 밀리면 앞으로도 계속 약속을 안 지킬지 몰라'라고 생각할 수 있고, '일관성 없는 교사가 될지도 모르지'라며 자신을 다잡을 수 있다. 하지만 마음을 바꾸는 일은 잘못이 아니다. 교사는 아이가 신마저 벗어 던지고 개울에 들어가는 건 바라지 않는다. 하지만 다른 아이들처럼 개울에 들어가 시원함을 느끼는 최적의 방법을 선택한 것뿐이다. 맨발의 감촉을 느껴보는 게 얼마나 좋은 감각의 경험이겠는가. 이런다고 다 다치는 것도 아니고, 약속을 바꾸는 일이 문제가 있어 봐야 얼마나 있겠는가?

좋은 교사가 되려면 어떻게 해야 할까?
선생은 늘 조금 위선적이다. 선생이 아이였다면 벌써 개울에 들어갔을 것이다. 선생도 아이였을 때는 맨발로 개울에 들어가 첨벙거리며 놀았고 그래도 별 탈 없이 지냈다. 물론 선생이 어렸을 때도 어른들은 "맨발로 개울이나 웅덩이에 들어가면 위험하다."면서

"안 돼!" 하고 소리쳤다. 어른이 되면 다 그렇게 되는 건가?

선생의 마음속에는 온갖 생각이 왔다 갔다 했다. 개울에 이미 들어가 있는 아이들은 선생보고 뭔가 하기를 기다렸다. 개울에 들어와 옆에 서보라고 손까지 들어 올려 부르고 있었다. 그러니 교사인 나는 마냥 서 있을 수 없었다. 이미 들어가 있는 아이들에게 화내며 죄다 나오라고 소리 지르거나, 신 신은 채 개울에 들어가거나.

선생은 미소 지으며 개울로 들어갔다. 아이들은 좋아했다. 선생이 자신들처럼 물속에 있다는 것이 좋기도 하고, 공범이 되었으니 선생이 더 이상 뭐라 혼내지 않으리라는 걸 알아 안심해도 되었으니 말이다.

여름이는 맨발로 개울 속에서 몇 번 물을 느끼더니 개울 밖에서 또 다른 즐거움을 찾아 달렸다. 처음 개울에 늘어갔던 달빛이와 하루는 교사에게 손목을 잡힌 아이를 위해 용감하게 개울에 들어간 것일까? 글쎄, 잘 모르겠다.

그냥, 자기들도 물에 들어가 첨벙거리고 싶었던 것일 수도 있다. 하지만 어떤 사람들은 누군가가 고집스럽게 무언가 잡고 있거나 하는 걸 보면 우회적으로 생각할 수 있도록 보여주는 경우가 있다. 나에게는 우리 나무가쑥쑥반 아이들이 그럴 때가 많다. 내가 고정관념으로 고집을 부리게 되거나, '안 돼'라고 하거나, 약속과 규율을 너무 강조하거나 할 때 아이들은 나에게 이런 모습으로 당황스럽게 만든다. 물론 때로는 고집부리며 떼쓰며 소리 지르는 아이를 지켜만 보기도 하거나 자기 놀이에 집중하기도 한다.

하지만 그날의 아이들은 내게 "괜찮아. 해봐, 아무 일도 일어나지 않아!"라며 허용의 테두리가 가끔 느슨해질 필요가 있음을 말하고 있었다고 여겨진다. 그날 달빛이와 하루는 교사인 나, 선생인 내가 어떻게 살고 있는지, 어떻게 살아야 하는지 생각하게 해주었다. 나는 매번 경계와 허용의 테두리를 결정해야 할 순간을 만난다. 대부분은 혼란스럽다. 잘 결정한 건지 자신이 없기 때문이다.

다음 개울에 갈 때는 장화를 미리 신고 갔다. 물론 여전히 여름이는 장화를 벗어 던지고 맨발로 개울에 들어가려 했다.

우리는 책임을 전제로 한 질책이 두려워서 즐거움이 있는 놀이에 지혜를 발휘하기 쉽지 않다. 언젠가는 나도 개울에 맨발로 편하게 들어가 개울물이 간질거리는 느낌을 편하고 자유롭게 만나고

싶다. 초록빛이 반사되어 반짝이던 초여름의 그날이 그리워진다. 우리가 함께여서 좋았던 그날의 시간이 이어져 우리는 또 달려가기도 하고 느리게 걷기도 하며, 재잘재잘거리며 보이지 않게 쑤욱 커간다. 나를 변화시키는 아이들이다. 그래서 나는 좋은 사람이 되려 했다. 나도 나무가쑥쑥반 안에서 자라는 것 같다. 한 뼘 정도.

[자람-나(교사)]

두루의 담모나이트

교사 **이소담**

"이소담 선생님네 반은 애들이 어쩜 저렇게 줄을 잘 지켜서 앉아 있어? 지도 참 잘해~"

초임교사 때 들은 이 말은 지금도 선명하게 기억에 남아있다. 당시에는 이런 칭찬이 뿌듯했고 교사 생활에 큰 힘을 주기도 했다. 10년도 채 되지 않았지만 아이들이 보여주는 기특한 행동의 대부분은 교사가 잘 지도해서 그런 것이라고 여겨지던 때였다. 나 역시 스스로에게 가장 많은 공(功)을 돌리며 '그래, 오늘 하루는 내가 아이들에게 더 많은 것을 알려준 것 같아!'라고 느꼈다. 이런 느낌이 잘못된 것은 아니지만, 아이에게서 교사의 지도력이 그대로 보여진다고 생각했다. 같은 유치원 안에서 동료 선생님들이 지나다니며 우리 반 아이들의 통제되지 않는 모습을 보면 '이 아이는 제가 수백 번 말해도 안 듣는 아이예요! 오해 마세요!'라고 눈빛을 보내며 사태를 수습하기 바빴다.

　이때의 나는 왜 이런 상황들에 예민하게 반응했을까? 아마도 아이를 제대로 못 가르치는 무능한 교사로 느껴져서 스스로를 부끄러워했던 것 같다. 뜻대로 되지 않는 몇몇 아이는 왜 이렇게 내 마음을 몰라주나 원망스럽기까지도 했다. 하지만 그때도 지금처럼 아이들과 함께 매일매일을 치열하게, 열심히, 사랑하며 지내왔는데…. 다만 아이 자체를 들여다보지 못하고, 아이를 통해 보일 교사의 모습을 마음속 짐처럼 가지고 다니며 애써왔다. 여전히 과거 상황들이 반복되는 요즘이지만 대부분 기억에 남지 않을 정도로 마음은 편안해졌다. 혁신학교 4년, 혁신자치학교 2년을 거치며 내 안에 커다란 변화가 일어났다는 증거다.

　표면적으로 변화가 드러나는 부분은 일상에서 자주 사용하지 않는 단어가 날카롭게 들리거나 눈에 띄게 되었을 때다. 나의 글이지만 초임 때 일화를 쓰면서 몇 가지 불편한 문구들이 눈에 들어온다. '교사가 잘 지도해서', '아이들에게 더 많은 것을 알려주는', '통제되지 않는', '말을 수백 번 해도 안 듣는'…, 놀랍게도 모든 문구가 내 입장만 대변한다. 아이들을 바라보는 시선이 모두 '교사'였다는 것이다. 과거의 나는 생각보다 더, 교사로서 바라보는 틀과 경계가 명확한 사람이었다.

　바라는 교사상 또한 대단히 이상적이었는데, 대학과 임용시험

준비 과정에서 배운 그대로를 유치원 현장에서 하면 되는 줄 알았던 때다. 이대로만 하면 아이들과 학부모에게 전문적인 교사로서 지지받을 수 있는, 말 그대로 '잘' 하는 교사가 될 수 있다고 생각했다. 하지만 현장은 책에서만 볼 수 있는 짜여진 세상이 아니었고, 스스로가 완벽한 교사를 기대한 순간 현실에서는 작은 일 하나에도 쉽게 무너졌다. '나만 잘하면 되는데…. 나는 왜 이렇게 어렵고 힘들까….' 하는 생각에 금방 좌절하며 그저 평화로운 하루가 지속되기만을 기대했다.

임용고시를 준비하면서부터 신규교사의 경험을 통해 굳어버린 '교사'에 대한 인식과 역할에 대한 틀은 전문적학습공동체 선도학교(혁신학교 준비기)를 시작하며 조금씩 깨지기 시작했다. 전문적학습공동체(이하 전학공)가 무엇인지 알아가는 시기여서 교육청 장학사님이 하루 유치원에 방문하여 전학공 시간에 함께하였다. 우리가 서로 이야기 나눌 수 있는 질문 목록을 가져오셨고, 몇 가지 질문은 한 명 한 명에게 물어보셨다. 그중 우리 반 아이에 대한 질문이 있었는데, 나를 포함하여 같은 연령의 아이들을 맡은 선생님들이 각자 맡은 반 아이에 대해 이야기하며 모두 눈물을 보였다. 그 눈물은 단순히 힘들어서 흘린 눈물이 아니었다. 아이에 대한 미안함, 고마움, 마음먹은 대로 되지 않음에서 오는 두려움과 막막함, 더 잘하고 싶은 욕심 등이 뒤엉켜서 표출된 것이었다.

그날 이후 전학공은 우리가 나누고 싶은 주제와 고민, 연구하고 싶은 것으로 채워졌고, 이전과는 다른 새로운 시각과 교사로서의 성장 욕구를 느끼게 되었다. '우리 유치원 선생님들 모두 좋은 교사가 되기 위해 이렇게 노력하고 계셨구나. 나만 힘든 것이 아니었구나.'라는 위로와 공감, 그리고 '아, 좋은 교사의 모습은 내가 생각해온 것보다 훨씬 깊게 고민해야 하는 것이구나.'라는 철학과 방향성에 대한 것이었다. 치열하게 혁신학교 4년을 보내며 '나'에서 '우리'로, '겉모습'에서 '본질'로 시선이 전환되어 갔다.

그 시기에 가장 중점을 두고 협의한 부분이 유치원의 비전과 철학, 어린이·교사·학부모·유치원에 대한 상(像)과 같이 교육과정을 펼치는 데 근간이 되는 것이었다. 나도 하나의 주체로서 교육과정의 단단한 뿌리를 내리는 데 함께할 수 있다는 것은 생각보다 근사한 일이다.

물론 뿌리내리는 과정마저 근사하지는 않았다. 뿌리가 단단하게 자리 잡기 위해서는 그만큼의 시간과 노력이 모두에게 필요했다. 비전과 철학을 바탕으로 민주적인 유치원 문화('나의 생각을 이야기할 수 있는 신뢰, 교육공동체 구성원들과의 소통을 통한 존중, 의사결정에 모두가 함께 참여하고 책임이 담추려있는 문화'로 간추려 적어본다.)를 형성하는 과정에서 6년이 지난 지금도 더 나은 방향을 위해 고군분투 중이며, 전학공 속 독서토론과 수업 나눔을 통해 어린이와 놀이에 대해 계속 연구하며 교육과정을 재구성한다. 매일 우리 반 아이들과 함께 온 마음을 다해 시간을 보내며, 그 시간들을 학부모와 공유히고, 온두루학교와 두루유치원 책 출판을 통해 우리가 경험하며 깨달은 의미와 가치를 전국의 교사들과 나누기도 한다. 이 외에 일일이 나열할 수 없는 업무들까지….

이 모든 것에는 해마다 계획과 실행, 돌아보는 평가가 뒤따르고, 우리는 이 속에서 발견한 의미를 발판 삼아 매년 성장을 위해 도전한다. 이렇게나 많은 일을 하면서도 성장에 대해 계속 고민하는 우리를 돌아보며, 선생님들 간에는 우스갯소리로 이런 이야기도 오간 적이 있다. "왜 이렇게 우리는 성장하지 못해 안달이야! 이제 그만 좀 성장하자!", "도대체 열정의 끝은 어디인 거야! (《오징어 게임》 001번 할아버지 흉내를 내며) 이러다 다 죽어~~ 나 너무 무서워~~"(가끔은 정말 우리가 해내야 할 일이 무섭기도 하다.)

무엇이 두루유치원 교사를 이렇게 성장하고 싶게 하는가? 혁신학교, 혁신자치학교를 지나오며 대체 무엇이 그토록 우리에게 소중한 가치를 깨닫게 해주었는가? 누군가 내게 묻는다면 두루유치원에서 겪은 나의 경험을 바탕으로 이렇게 답해주고 싶다.

'나의 자람과, 때로는 멈춰있는 순간에도 함께하는 동료 교사가 있다. 서로의 존재가 존중받고, 하나의 비전을 향해 가는 공동체

가 있다. 우리의 교육적 고민과 실천을 바탕으로 행복하게 놀이하는 어린이가 있다.'

동료 선생님 중 한 분이 협의 중에 하신 말씀에도 이러한 경험들이 녹아있다. "우리는 동료 교사의 성장에 책임이 있잖아요. 저는 겁 안 나요. 저의 성장에 선생님들이 함께 해주실 거잖아요." 나는 이 말이 참 좋다. 우리는 다양한 교육적 시도에서 의미를 발견하며 함께 성장한다. 그 성장을 아이들에게서 발견하였을 때의 행복함과 뿌듯함은 이루 말할 수 없을 정도이다. 이런 감정조차 느끼지 못할 정도로 지쳐 누군가에게 성장보다 쉼이 필요할 때, 다른 누군가는 때로는 위로하며 때로는 이끌어주며 그 시간을 기다려준다.

6년이라는 시간을 두루유치원에서 보내며 암모나이트에 이소담이라는 이름의 '담'이 합쳐져 '담모나이트'라는 애칭을 얻게 되었다. 하지만 변화된 나의 가치관과 모습들은 그저 세월의 흔적에 따라 굳어져 가는 화석이 아닌, 선명하고 밝은 빛으로 내 몸과 마음에 기록되고 남겨진다. 이제 나에게 어린이는 지원만 필요한 존재가 아니다. 높고 낮음의 시선 차이를 두고 바라보지 않고, 그들을 유능한 존재로 평등하고 깊이 있게 바라보며 배움의 순간을 공유한다. 어린이와 함께 성장할 수 있다는 것을 아는 교사는 더 이상 자신만의 틀 안에 갇혀있지 않다. 교사와 아이, 교사와 교사, 교사와 교육공동체에 속하는 어느 구성원을 통해서라도 우린 같이 자라날 수 있다.

[자람-어린이]

신.달.자 (신나게 달리자)
-아이들의 달리기에 대한 개똥철학

교사 **육형준**

아이들이 행복할 때는 언제일까? 아이들은 무엇을 할 때 행복할까? 수시로 아이들은 행복할 수 있고, 어른들이 생각하는 기준과 달리 아이들은 예상치 못한 곳에서 생각지 못한 방법으로 행복을 느끼는 것 같다. 그럼에도 그간 유치원에서 아이들을 만나고 아이들과 여러 활동, 놀이를 하며 관찰한 바로는 아이들의 표정이 참 행복해하는 때가 있었다는 것이다. 그때가 바로 '달릴 때'다. 아이들은 달릴 때 행복해하는 것 같다.

목표가 있는 달리기

아이들과 달릴 때 우리 안에 1등, 2등… 그리고 꼴등은 없다. 그렇기에 당연히 보상물도 없다. 그저 아이들은 목표까지 달릴 뿐이다. 그 목표는 대개 교사가 들고 있는 오른손에 하이파이브를 하는 것이다. 어떤 아이는 하이파이브를 위해 들고 있는 교사의 오른손을 무시하고, 내리고 있는 왼손을 목표로 하기도 한다. 또 어떤 아이들은 교사를 지나쳐서 교사의 엉덩이를 목표로 하기도 한다. 괜찮다. 다 괜찮다. 교사가 목표지점이기에 교사가 서 있는 곳까지만 달리면 되기 때문이다. 그래서 아이들은 다 목표까지 달려낸다. 1등도 2등도 꼴등도 매겨지지 않고 반드시 모두가 성취를 맛볼 수 있는, 그런 목표가 있는 달리기다. 그렇게 아이들이 함께 달리다 보면 옆 친구도 웃고 나도 웃고, 앞에 선 아이도 웃고 뒤에

선 아이도 웃고 있다. 모두가 목표를 달성해내는 기쁨이 있기 때문이다.

스릴이 있는 달리기

아이들은 교사를 피해 달릴 때 행복해하는 것 같다. 이때 교사는 조금 변신해야 한다. 가장 자주 변신하는 것은 티라노사우르스(나는 브라키오사우르스를 좋아하지만 이때만큼은 아이들이 허락해주지 않는다)이다. 이렇게 교사가 다른 사람, 동물, 공룡 등으로 변신하여 아이들을 뒤쫓으면 아이들은 더 신나게 달린다. 이 달리기에는 스릴도 있다. 잡힐 듯 안 잡히고 또 잡힐 듯하다가 피할 때만 느낄 수 있는 스릴이다. 아이들은 그렇게 직진민의 달리기가 아닌 왼쪽 오른쪽, 지그재그, 요리조리 온몸을 사용하여 잘 피하며 다양한 방법으로 달리기를 한다. 그래서 이 달리기에서는 다양한 웃음, 다양한 아이들의 모습을 볼 수 있다.

잔소리가 있는 달리기

아이들의 자유로운 놀이 중 한 명이 도망가면 한 명은 잡으러 뛰어간다. 교실에서. 다른 아이들이 놀고 있는 사이사이를 잘도 피해 도망간다. 그러면 쫓아가는 아이는 다른 아이들이 노는 곳을

요리조리 잘도 피하여 따라간다. 교실에서. 빨리 좀 잡히면 끝나겠는데 어찌나 잘 피하는지 한참을 이어간다. 그럼 교사도 참어한다. 잔소리꾼으로. "미끄러진다. 친구 부딪히겠다. 넘어지겠다. 걸어 다니자. 양말 벗자. 잠시 멈추자. 여기 앉아보자. 이제 그만!"

아이들의 표정에서 가장 극명한 변화를 볼 수 있을 때다. 가장 즐겁고 재미난 표정이었다가 가장 절망한 표정을 짓는다. 교사의 잔소리가 개입되는 달리기는 재미있는 놀이 중이라는 걸 증명한다. 아이들은 잠시 후 다시 쫓고 달린다. 그럼 교사는 슬쩍 눈감았다가 또 잔소리한다.

[자람-어린이]

너는 선생님보다 훌륭한 어린이야

교사 **강창아**

어린이의 배움의 과정에 함께하고, 성장하고 자라나는 것을 느끼는 것만큼 의미 있는 일이 있을까? 매일 똑같이 흘러가는 하루 중에 문득 느껴지는 어린이의 성장은 말로 다 표현하기 어려운 감정을 불러일으킨다. 기쁨, 뿌듯함, 대견함, 뭉클함 등. 아이들은 정말 예상하지 못한 순간에 자신의 성장을 뽐낸다. 그 성장 과정을 함께하며 나도 같이 자라는 느낌이다. 아이들의 모든 성장이 기쁘지만, 나는 아이들이 어떤 일을 스스로 해보려는 행동의 성장을 보이거나 자신의 감정을 조절하며 마음이 넓어지는 마음의 성장을 볼 때 아이들의 자람을 더 크게 느끼는 것 같다. 나는 어린이가 스스로 시도해보고 도전해보는 작은 노력을 통해 아이의 자람(성장)을 본다. (이하, 사례에 등장하는 어린이들의 이름은 가명이다.)

못해요, 선생님이 해주세요

아이들이 어려워하는 일 중 하나가 가위질이다. 열심히 색칠한 그림이 망쳐지지 않게 잘 자르고 싶어 한다. 우리 반의 이정혁 어린이도 자기가 좋아하는 만화 캐릭터의 도안을 열심히 색칠해서 바탕 선에 꼭 맞게 자르고 싶어 했다. 하지만 정혁이는 가위들어 오리기를 시작하지 않고 선생님한테 임무를 준다. "선생님, 그림 색칠한 거 자르고 싶은데 저 못해요. 선생님이 잘라줘요." 선생님은 친절한 듯하지만 호락호락하지 않다. "정혁이가 할 수 있는 부분은 한번 잘라보고 어려운 부분은 선생님이 도와줄게." 선생님과 정혁이는 번갈아 가면서 가위질을 했다.

그림을 다 잘랐을 때 선생님은 이렇게 말했다. "정혁이가 못한다고 했는데 그래도 이렇게 스스로 노력해봤네? 네가 힘든 부분은 선생님이 도와줄게. 다음번에도 스스로 노력해보자." 내 말에 정혁이는 고개만 끄덕이고 별다른 대답을 하지 않았다. 그런데 하원 시간이 돼서 집에 가기 전 정혁이는 이렇게 말한다. "오늘 가위질하기 어려웠는데 그래도 제가 잘라봤어요. 엄마한테 말해주세요." 본인의 시도와 노력이 뿌듯하게 느껴진 걸까? 정혁이가 집에서 칭찬을 많이 받고 더 큰 용기를 낼 수 있으면 좋겠다는 생각이 든다.

그다음 날, 조용히 혼자 앉아서 무언가에 집중하는 정혁이에게 다가갔다. 정혁이가 혼자 가위질을 하는 게 아닌가! 엄청난 집중력을 보이면서 그날 혼자 그림 오리기를 완성하고 스스로 노력한 부분을 뿌듯해했다. 그 뒤로 정혁이에게 선생님이 도움이 필요한지 먼저 물어보아도 "괜찮아요. 제가 자를 수 있어요."라는 대답이 돌아왔다. 정혁이는 자신의 노력으로 자라나게 되었다.

'못해요'라는 말은 교실에서 자주 듣는 말이다. 아이들은 '못해요'라며 시도해보지도 않고 선생님께 도움을 청한다. 사실 도움이 아니라 그냥 해달라는 말을 한다. 나는 아이들이 시도해보거나 노력해보지도 않고 못 한다고 하는 것이 안타깝다. 사실 '못해요'라고 하는 아이 중 대부분이 스스로 몇 번 시도해보거나 선생님의 도움을 받으면 충분히 해낼 수 있는 어린이들이다. 무엇이 이 아이들이 '나는 못 해'라고 생각하게 했을까. 어쩌면 이 시기의 어린이들이 갖는 당연한 생각일까.

나는 아이들이 자신을 무궁무진한 가능성의 존재로 생각했으면 한다. 그래서 아이들이 스스로 할 수 있도록 최대한 눈높이에 맞춰 방법을 알려주고, 옆에서 계속 시도해 볼 수 있도록 그 과정을 함께해주고 응원해주려고 한다. 여러 번 시도하다 보면 아이들은 곧잘 짜증을 낸다. 하지만 짜증이 무색하게 어느 순간 반전이 일어난다. 해내기까지의 과정이 길게 느껴질 수도 있지만, 못한다고 생각했던 일을 할 수 있게 되는 것은 찰나의 순간에 일어난다. 그렇게 성공의 경험이 반복될 때 결국 이제 그 일은 자신이 온전히 할 수 있는 일이 된다. 못한다고 생각했던 일을 자신의 노력으로 할 수 있게 되었을 때, 나는 그때 아이들의 표정과 눈빛이 사랑스럽다. 아이들은 눈망울을 빛내며 기쁨을 표현한다. 어린이도 노력하는 자신의 성장을 느끼고 있다. 한 어린이가 어느 날 말한다. "선생님, 제가 노력하고 있는 거예요." 이러한 어린이들의 노력은 자신을 대단하게 느끼는 긍정적인 자아존중감의 씨앗이 되기도 한다.

어느 날, 윤세리 어린이도 선생님께 가위질을 부탁했다. 선생님은 아이에게 기회를 만들어주고 싶었다. "세리가 자를 수 있는 부분은 잘라보고 선생님이 어려운 부분은 도와줄게." 어디서 많이 본 장면 같다. 과연 세리도 앞선 사례의 정혁이처럼 가위질을 스스로 해보려고 노력할 수 있을까? 선생님의 제안에 고맙게도 세리는 가위를 들고 잘라보려고 했다. 선생님은 아이의 노력을 옆에서 함께 지켜보고 있다. 하지만 생각보다 잘 되지 않는지 세리는 다시 선생님에게 눈빛을 보내며 말한다. "선생님, 그런데 여기까지 잘리는데요?" 순간 선생님은 긴장했다. 세리는 평소 원하는 대로 잘 안 되면 곧잘 짜증을 내는 어린이였고, 잘하지 못할 것 같거나 어려워 보이면 처음부터 시도하려 하지 않거나 중간에 포기하는 경우가 많았기 때문이다. 선생님은 세리가 화를 낼까, 짜증을 낼까, 아니면 포기하려나 하며 긴장과 걱정을 하고 있었지만 아이는 어느새 한 뼘 더 성장한 멋진 모습을 보여주었다. 선생님과 세리의 이어진 대화는 다음과 같다.

선생님: 세리야, 여기 많이 잘린 부분은 테이프로 붙이면 되지 않을까?

윤세리: 아~ 여기 테이프 붙이면 되겠네요.

선생님: 이 부분이 좀 어렵지?

윤세리: 네. 머리 같은 데가 어려워요.

선생님: 여기는 선생님이 도와줄게. 그래도 세리가 가위질 해보려고 해서 선생님은 기쁘네.

(근처에 있던 정혁이가 세리에게 말을 건다.)

이정혁: 나도 예전에는 잘 안됐는데 계속 하니까 잘 자를 수 있게 됐는데.

윤세리: 몇 살 때부터 그랬어? 선생님~ 저 이만큼 잘랐어요.

선생님: 세리가 가위질을 잘하는 편이네.('칭찬은 고래도 춤추게 한다'는 옛 속담 실천 중)

윤세리: 이제 드디어 가위질을 잘하게 되었다!

선생님: 세리야, 선생님은 네가 진짜 대견해. 너 어려운데도 짜증도 안 내고, 찢어져도 테이프 붙이면 된다고 괜찮아하면서 하고 있는 거잖아.

윤세리: 네. 어떻게 알았어요?

(세리는 계속해서 혼자 가위질을 해나간다.)

윤세리: 완성~!! 선생님, 저 대단하죠?

어린이들의 성장 과정에 함께하는 것은 대단히 기쁜 일이다.

자신의 배움과 성장에 기뻐하는 어린이들의 모습을 보며 덩달아 기뻐진다. 무엇인가를 스스로 노력해서 할 수 있게 되었을 때, 어떠한 감정을 배우게 되었을 때 아이들의 세계는 또 다른 문이 열린다. 계단식의 단계는 아니지만, 한층 더 성숙하고 성장한 어린이들은 그것을 계기로 또 다른 성장을 이루어 내거나 다른 사람과 이전과는 다른 차원의 상호작용을 하게 된다. 한 어린이의 배움과 성장이 다른 어린이들을 이끌기도 한다. 그 과정에서 선생님도 아이들에게 배운다. 나는 교사를 하면서 아이들에게서 배우게 되는 순간들이 참 많았다. 세상의 중요한 가치는 모두 아이들이 가지고 있는 것이 아닐까?

'괜찮아, 괜찮아' 마법

가끔은 선생님도 마법에 걸리고 싶은 날이 있다. 한 마디 말로 모든 일이 술술 풀리거나 마법같이 해결되는 그런 일. 아이들에게도 마법 같은 말이 있다. 바로 '괜찮아, 괜찮아' 마법이다. 이 마법은 갑작스럽게 시작되었다.

어느 날 강당에서 놀이하다가, 미끄럼틀 순서를 정하게 되었다. 김태평 어린이는 선생님과 '가위 바위 보'를 해서 선생님을 이긴 사람이 먼저 타는 방법을 제안했고, 다른 어린이들도 동의해 주어서 태평이가 제안한 방법으로 순서를 정하게 되었다. 일명 '선생님을 이겨라' '가위 바위 보'. 아이들은 선생님과 '가위 바위 보'를 하면서 계속 졌다. 태평이도 자신과 친구들 모두 지고 있을 때까지는 즐거워하는 모습이었다. 하지만 다른 친구가 먼저 '가위 바위 보'로 선생님을 이겨서 첫 번째로 미끄럼틀을 타게 되자, 바닥에 드러누워 울면서 짜증을 내기 시작했다. "나만 계속 지고!!" 태평이는 짜증을 내며 발로 미끄럼틀을 차려고 하기도 했다. 평화롭고 즐거웠던 놀이 분위기의 대반전이 일어나는 순간이었다. 태평이는 평소에도 등수와 승패를 민감하게 생각하는 어린이였다. 승패가 중요한 태평이에게는 너무나 속상한 순간이었을 것이다.

    나는 아이의 마음을 다독여봤다. "속상할 수 있어. 그런데 태평이만 계속 진 게 아니라 다른 친구들도 다 지금 두 번씩 졌는데, ○○이는 먼저 이기게 된 거야. 져도 괜찮아. 못해도 괜찮아. 속상하지만 어쩔 수 없지. 다시 하면 돼." 선생님의 말이 이 아이의 마음에 조금은 위로가 된 걸까. 짜증을 내던 태평이는 눈물을 멈추고 자신에 관해 이야기한다. "나는 1등으로 타고 싶었단 말이에요." 얼어붙었던 분위기가 녹을 수 있는 틈이 발견되는 순간이었다. 아이의 삐죽거리는 입이 귀엽게 느껴져 피식 웃음이 나오려 하기도 했다.

    문득 이날은 평소 하던 것처럼 '이기고 지는 건 중요한 게 아니야, 1등이 좋은 것만은 아니야.' 같은 말을 하고 싶지 않았다. 매일 비슷한 이야기를 반복한다는 느낌이 들어서 이날은 태평이와 마법에 빠지고 싶었다. "그러면 선생님이 '괜찮아, 괜찮아' 마법을 좀 걸어줘야겠다. 져도 괜찮아. 괜찮아. 괜찮아. 괜찮아. 선생님이 괜찮아 마법을 걸어놨는데 안 풀리게 잘 기억해줘. 그리고 너는 선생님보다 더 멋진 어린이야." 장난 같아 보이지만 선생님의 진지함과 진심이 아이에게도 닿길 바라는 마음이었고, 그 순간 태평이에게 영원할 것 같은 승패의 늪에서 빠져나올 수 있다는 용기를 주고 싶었다. 그리고 평소에도 시간은 필요하지만 선생님이 알려준 방법을 써서 자신의 마음을 다독이는 '마음의 성장'을 보여주는 태평이는 정말 선생님보다 더 멋진 어린이였다.

그 후 태평이는 다시 강당에서 친구들과 줄다리기를 했다. 줄다리기하다가 태평이 편이 지게 되자 누워서 떼쓰는 척한다. 나는 대수롭지 않은 척하며 말한다. "줄다리기 져서 속상할 수 있지. 그 정돈 괜찮은 것 같아. 태평이가 역시 선생님보다 더 멋진 어린이야. 괜찮아 주문이 벌써 통했네." 선생님은 생각한다. 마법이 효과가 있길!

이 '괜찮아, 괜찮아' 마법은 며칠 뒤 또 다른 곳에서 펼쳐졌다. 이번에는 선생님이 마법을 걸지 않았다. 선생님과 한 어린이가 축구게임 놀잇감을 가지고 놀이를 하고 있었는데 앞의 사례에서 괜찮아 마법에 걸렸던 태평이는 따뜻한 말로 친구를 응원해주고 있었다. "져도 괜찮아. ㅇㅇ아." 선생님과 친구의 축구경기가 끝나자 "선생님, 저랑도 하자요."라며 태평이와 선생님의 축구경기가 시작되었다. 첫 번째 경기는 5:0으로 선생님의 완승. 태평이는 지면서도 짜증 한번 안내고 선생님이 골을 넣을 때마다 같이 손뼉을 마주치며 함께 기뻐하고, 선생님이 마지막 골을 넣었을 때는 축하해주기까지 했다. 선생님은 태평이의 마음이 궁금해졌다. "너 괜찮아? 졌는데 마음 괜찮아?" 선생님의 걱정과 달리 태평이는 별일 아니라는 듯 말한다. "네. 아직 마법이 안 풀려서 괜찮아요. 괴물도 아직 남아있어요. 그런데 마법이 강력해서 마음이 이겨요. 한번 다시 하자요. 아까 선생님 일 번째에(첫 번째 경기) 잘하던데요?" 선생님에게는 이 순간이 무척 감격스러웠다. '마법이 잘 통했구나!'

마법이 잘 통한 것은 아이의 마음이 자란 것이 가장 큰 이유였을 것이다. 태평이는 아직도 순간순간 승패에 연연하게 되는 마음을 괴물이라고 표현했지만, 마법이 강력해서 마음이 이긴다고 했다. 이제 이 마법은 오롯이 태평이의 마음에 달렸다. 태평이의 넓어진 마음이 스스로 자라게 만든 것이다. 두 번째 경기에서도 5:4로 선생님이 이겼지만 태평이는 태평양 같은 마음으로 이렇게 말했다. "즐거웠어요. 아까는 저, 하나도 못 넣었는데 이번에는 네 골이나 넣었네요?" 뿌듯해하는 태평이 옆에서 친구들이 "'넌 할 수 있어'라고 말해주세요"라는 노래를 부르며 태평이를 응원해주고 있었다.

아이들은 배움과 성장을 통해 변해가는 자신을 긍정적으로 생각한다. 그리고 다른 친구들의 가능성도 알고 있다. 그래서 친구들에게도 할 수 있다며 응원해주고 옆에서 믿음의 눈빛으로 바라봐준다. 서로의 배움과 성장을 응원한다. 선생님이 옆에서 지원해줄 수 있는 건 가까운 곳에서 성장을 지켜봐주고 그러한 성장에 무한한 지지와 격려를 보내는 것이라고 생각한다. 배우고 성장하는 것은 아이들이 다 스스로 한다. 아이들은 스스로 큰다. 선생님보다 더 훌륭하게 큰다.

　삶에서 음식을 잘 먹고 골고루 먹는 걸로 칭찬을 들을 수 있는 시기는 유치원 다닐 때뿐인 듯하다. 우리 반의 공지철 어린이에게도 아주 큰 자부심을 안겨주었다. "선생님! 제가 햄 먹었는데, 거기 야채가 있었는데 붙어 있는 줄 모르고 그냥 먹었어요. 콩나물도 이렇게 해서 먹었어요. 과일 샐러드도 그냥 먹어봤는데 맛있어서 다 먹었어요." 지철이는 점심시간 후 나만의 수첩을 하며 선생님에게 이런 부탁을 한다. "선생님, 아~하고 먹는 표정 그려주세요."
　자신을 뿌듯하게 느끼는 아이들의 표정과 말이 참 좋다. 아이들이 그렇게 자신이 자라나는 과정의 주체가 되고 자신을 멋지고 자랑스럽게 느꼈으면 좋겠다. 선생님에게 자랑하는 어린이들의 표정, 내가 해냈다는 마음이 모여 '할 수 있는 사람', '어려워도 해낼 수 있는 사람'이라는 높은 자존감으로 이어졌으면 한다.

[자람-어린이]

계속 실패하고 실패하고 실패하고 실패한다고요

교사 **박세영**

지용이는 비장한 아우라를 뿜으며 교실로 돌진했다. 오자마자 가방을 교실 문 앞에 던져 놓고는 주저하지 않고 종이를 꺼내고 자기가 필요한 도구들을 책상 위로 집합시켰다. 그 모습은 군더더기 없이 깔끔하다. 동글동글한 손으로 동글동글한 크레파스를 잡고 동글동글한 걸 그린다. 지용이가 잡은 크레파스의 끝은 지용이의 손끝의 단단함을 이어받아 씩씩하다.

지용이는 그림을 그리다가 종이를 손으로 밀어버리고 다시 종이를 가지고 왔다. 그리고 또 그렸다. 그리고 밀어내버린 종이랑 얼핏 봐서는 흡사한 그림을 그렸다. 다시 그리던 종이를 옆으로 밀어 놓고 새로운 종이를 가지고 왔다. 이제부터는 지용이의 입에서 씩씩 소리가 나기 시작했다. 지용이는 마지막으로 남은 종이를 가지고 와서 또 씩씩거리며 거친 숨을 쉬더니 짜증과 화를 담아 그림을 그리고 그 종이까지 옆으로 밀어내버렸다. 그러고는 나에게 와서 입을 삐죽거리며 이야기한다.

"지용이 다 실패했어요. 종이가 없어요."

이럴 때 내가 교사로서 할 수 있는 일은 지용이를 짜증나게 하는 일이 얼마나 가벼우며, 또한 쉽게 해결할 수 있는 일인지 알려주는 것이리라. 밝고 명랑함을 최대치로 끌어 올려 이렇게 말했다.

"종이? 자료실에 가면 있겠지. 같이 찾아보자."

내 말이 끝나기가 무섭게 지용이는 자료실로 달려가서 커다란 종이를 가지고 왔다.

"선생님, 이번에는 이렇게 크게 그릴 거예요."

비장한 각오를 두 주먹에 담았다. 마음이 급했던 지용이는 책상까지 그 종이를 가지고 갈 시간이 없으므로 교실 문 앞 적당한 장소를 찾아 자리를 잡았다. 그리고 이번에는 물통에 물을 가득 담아 찰랑거리며 붓과 물감까지 한 번에 찾아서 들고 와서는 그림을 그리기 시작했다.

"아아~ 아아아, 지용이 그림 못 그리겠어."

그림을 그리기 시작한 지 1분도 채 되지 않았는데 지용이는 단전에서부터 좀 전까지 억눌러왔던 모든 화를 끌어올려 울기 시작했다. 발로 종이를 차면서 드러눕기까지 했다. 나는 지용이 그림을 조금 과장하여 평가하는 것으로 울음을 달래보려고 했다.

"아닌데, 지용이가 그린 그림 너무 너무 너무 멋진 공룡인데?"

"아니야, 나는 실패하고, 실패하고, 실패하고, 실패하고, 또 실패하잖아."

어떻게 이렇게 자신의 실패를 당당하게 이야기할 수 있단 말인가? 지용이가 교실이 떠나가라 소리 지르며 울어대는 바람에 다른 친구들도 지용이에게 커다란 위기가 닥쳐왔음을 직감하며 모여들었다. 지용이가 발을 동동 구르며 한 손에 종이를 들고 펄럭거리며 엉덩이를 들썩이며 온몸으로 우는 모습을 묵묵히 지켜보았다. 그림에 대한 지용이의 열망은 친구들도 할 말을 잃게 만드는 것이었다.

"그럼 실패하고, 실패하고, 실패하고, 실패하고, 또 실패하면 되지."

"아아 아아 아아, 지용이는 계속 실패하고, 실패하고, 실패하고, 실패하고, 실패하니까…."

"그러니까, 지용이가 실패하고, 실패하고, 실패하고, 실패하고, 실패하면 되지."

"선생님이 그려 줘. 지용이는 계속 실패 실패하니까."

"선생님도 실패하고, 실패하고, 실패하고, 실패하고, 실패하고, 실패하면 어떡해?"

"선생님은 실패하고, 실패하고, 실패하고, 실패하고, 실패해도 다시 해."

"좋아, 그럼 지용이가 실패하고, 실패하고, 실패하고, 실패하고, 실패해도 다시 해."

"안 돼. 선생님이 실패하고, 실패하고, 실패하고, 실페하면, 실패하면 되잖아."

"나도 안 돼. 지용이가 실패하고, 실패하고, 실패하고, 실패하고, 실패해."

'실패'라는, 입에 올리기 싫은 부정적인 단어를 지용이와 내가 합쳐서 수십 번은 이야기했을 거다. 이렇게 수많은 실패를 하는 동안 지용이의 울음은 잦아들고 있었다.

"그럼 지용아, 선생님이 지용이 그림 잘 그리는 마법을 걸어줄까?"

나는 지용이가 어떻게든 이 실패의 굴레에서 벗어나길 바라는 마음으로 제안을 했다.

"그건 가짜잖아. 선생님이 계속 실패하고, 실패하고 실패해서 공룡 그려."

"가짜 아니야. 선생님이 그림 잘 그리는 마법을 부릴 수 있거든."

"지용이 그거 거짓말인 거 다 알아. 선생님이 공룡 그려."

지용이의 실패를 극복하기 위한 나의 제안도 실패했다. 나의 제안은 신뢰를 잃은 '가짜'가 되었다. 가짜가 될 바에야 나의 무능을 드러내는 게 오히려 나을지 몰랐다.

"그런데, 지용이 말대로 해주고 싶어도 못하는 걸 어쩌지? 나는 그게 어떻게 생겼는지 몰라. 네가 그리고 싶은 공룡 말이야. 그래서, 내가 계속 실패해서 그림을 그리려고 해도 나는 도저히 못 그리는데, 어떡하지? 그럼 지용이가 알려줘 봐. 지용이가 그리고 싶은 공룡은 어떻게 생겼어?"

나의 무능을 고백하니, 지용이는 화답했다.

"응, 그건 말이지, 몸은 이러어~케, 동그랗게 생겼고, 얼굴은 이렇게 생겨서 이빨은 이렇게 뾰족뾰족하게 생겼고, 발은 발톱이 있고, 꼬리는 이렇게 생겼어."

지용이는 이렇게 말하며 허공에 대고 손가락으로 그림을 그렸다. 지용이 스스로 실패를 극복할 작은 단서를 찾았다.

"어! 그렇구나. 그렇게 생겼구나. 그럼 지용이가 그렇게 그리면 되겠다. 그렇게 한번 그려볼까?"

지용이가 방금 허공에 손가락으로 그린 대로 그려보자는 말이 떨어지기가 무섭게 지용이는 옷소매로 눈물을 쓱 닦고 일어났다. 지용이의 눈빛에는 새로운 열정이 생겨났다.

"선생님, 우리 종이 가지고 오자요."

지용이의 작은 발이 바빠진다. 나도 지용이를 뒤따라 빨리 걷는다. 급전환된 이 분위기를 어떻게든 기회로 삼아 잘 이어가야 한다.

자료실을 이리저리 둘러보던 지용이는 다시 거친 숨을 내뱉기 시작했다.

"내가 원하는 종이가 없잖아. 아아, 종이가 없어. 없단 말이야."

예상했던 변수들의 범위를 넘는 문제를 가져온 지용이는 조그만 희망을 품었던 나에게 또다시 시련을 안겨준다. 하지만 이만한 일로 물러설 수 없다. 지용이가 미처 발견하지 못했을 만한 종이들을 보여준다. 아주 까다로운 아티스트에게 종이를 팔아야 하는 상점의 점원처럼 다양한 종이들의 특성과 장점들을 어필해가며 종이들을 보여준다. 몇 번 거절과 제안을 반복한 끝에 지용이가 원하던 것과 비슷한 종이를 찾았다. 지용이가 원하는 종이는 크고 하얀 종이, 그것뿐이었다. 지용이는 다시 그 크고 하얀 종이에 자신의 미래와 희망을 담았다.

"나는 여기에 아주 커다란 공룡을 그릴 거예요. 지용이 아주 멋지게 그릴 거예요."

지용이의 기대와 희망 곁에서 내 마음도 함께 부풀어 올라 길고도 짧은 복도를 두둥실 떠갔다. 지용이는 그 수많은 실패한 그림과 (내 눈엔) 별반 다르지 않은, (마침내) 성공한 그림을 그렸다. 그 많은 실패를 겪어내며 비로소 성공했고, 지용이는 자신이 그린 그림이 마침내 성공했음에 자랑스러워했다. 지용이의 울음은 그치게 해야 할 과제가 아니라 반드시 필요한 울음이었다. '실패했다'를 용감하게 직면하고 인정하고 받아들인 그 울음으로 인해 자신이 어떻게 해야 할지를 찾을 수 있었을 것이다. 오늘 지용이의 자람의 순간은 공룡 그림을 성공한 순간이 아니라 바로 '실패하고, 실패하고, 실패했던' 지용이의 실패들에 있다.

지용이가 끝내 실패로 끝났으면 자신의 실패를 어떻게 마주하게 되었을까? 또다시 실패하고 실패를 받아들이고 인정하며 눈물 흘리고 발을 동동 구르는 몸의 표현이 있었을 것이다. 실패를 인정한 대가는 눈물이 나오고 발을 동동 구를 만큼 쓰다. 다시 실패할 수 있다는 사실을 알지만 그럼에도 다시 시도한다는 것은 훌륭한 일이다. 이 훌륭한 일을 우리 지용이가 해내고 있는 것이다.

지피지기면 백전백승이라고 했던가, 누구보다도 실패라는 만나기 싫은 적을 잘 아는 지용이는 좌절의 순간에 대처하는 자세도 남다르다. 찰흙으로 만든 공룡이 너무 납작하고 가늘어서 세워 놓으면 힘없이 주저앉고, 세우면 또 주저앉았던 일이 있었다. 지용이는 큰 소리로 울며 속상함을 표현했다. 그러니 포기하지는 않는다. 입은 큰 소리로 울고 있지만 손은 어떻게 해서든 공룡을 세우고야 만다.

실패를 잘 아는 지용이는 다른 사람의 실패를 강 건너 불구경 하듯 보고 있지 않는다. 지용이는 다른 사람이 실패하거나 포기하지 않도록 돕는 것으로 다른 사람의 실패에 맞섰다.

어린이들이 숨긴 보물을 선생님이 찾는 놀이를 할 때였다.
"선생님은 못 찾겠어. 이제 그만하고 싶어."
나의 작은 혼잣말을 듣고 어디선가 지용이가 나타났다.

"선생님, 여기 한번 찾아볼까요?, 이쪽으로 가보는 건 어때요?"

지용이는 이 말로 나에게 '실패하고, 실패하고, 실패하고, 실패해도 다시 해봐요.'라는 이야기를 하고 있었다. 그리고 내가 보물을 찾게 되었을 때 지용이는 함께 기뻐했다. 지용이는 '실패는 피할 수 없으며, 실패하더라도 또 실패해야 성공할 수 있다는 것'을 알고 있었다.

실패하고, 실패하고, 실패하고, 실패하더라도 또 다른 실패를 기꺼이 맞이할 수 있는 것이 지용이의 자람이고 성장이었다. 앞으로 있을 지용이의 수많은 실패에 응원을 보낸다. 지용이는 실패하고, 실패하고, 실패하고, 실패하더라도 또다시 할 테니까.

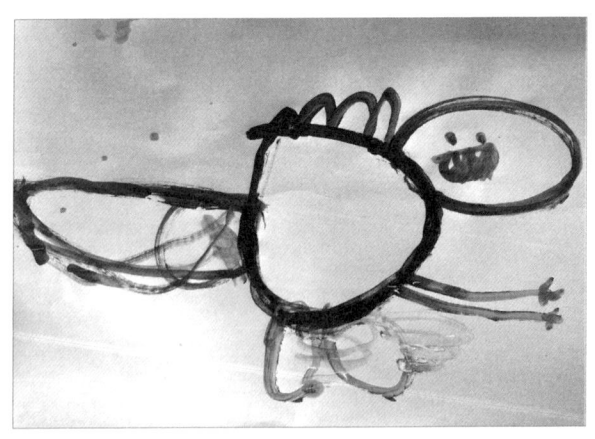

[자람-어린이]

내가 고돼도 나는 너를 사랑해

❀

교사 **한지은**

유치원 교사로서 어린이들 앞에 선다는 것은 설레기도 하지만 한편으로는 참 두려운 일이다. 교사의 눈짓 하나에 교실 분위기가 바뀌고 교사의 말투 하나에 어린이들의 표정이 달라진다. 설렘과 두려움을 품은 교사와 내면의 모든 것을 그대로 드러내는 어린이와의 감정 교류 및 상호작용을 바탕으로 우리는 우리 반만의 아우라를 만들어가며 1년을 함께 살아간다.

그렇기에 교사로서 나에게는 처음 순간이 매우 중요했다. 첫 단추를 잘 끼워야 다른 것들이 술술 풀려갈 것만 같았기 때문이다. 그래서 새 학기가 시작하면 학기 초의 교육철학, 학부모와의 첫 상담, 어린이들이 느끼는 처음의 교사 이미지 등 시작할 때 신경 쓸 수 있는 모든 것에 있는 힘을 쏟아부었다. 초석을 잘 다져놓으면 우리의 1년이 평안할 거라 믿으면서…

하지만 우리의 1년은 길고, 처음의 기대와 설렘은 늘 예상할 수 없는 반전을 선사한다. 그 반전의 결과 교사로서의 교육철학과 가치관은 또 한 번 철저하게 무너져 새로운 지평을 열어 갈 계기를 맞이하게 된다. 올해 나의 교육철학과 가치관을 무너뜨려 혼란의 연속을 느끼게 한 어린이는 다문화 어린이인 우주(가명, 3세)다.

우주의 부모님은 베트남 사람으로, 한국어로 소통하는 데 많은 어려움을 겪고 있다. 생업에 종사하시기 때문에, 한국어를 전혀 하지 못하는 할머니가 우주의 주 양육자다. 우주는 어리기도 하지만, 한국어로 대화한 경험이 부족하여 일반적인 의사소통보다는 명령적 어조에만 응답하는 대화를 주로 하였다. 나 역시 3월 초, 알아들을 수 없는 말로 표현하는 우주와의 대화는 "이리와 안 돼, 하지 마." 식으로 우주의 행동을 제한하며 교사가 옳다고 생각하는 방향으로 지시하고 따르는 방식이 주를 이루었다.

우주와의 학기 초를 회상하면 시간이 흘러도 끝나지 않을 것만 같은 전쟁영화 한 편이 떠오른다. 그만큼 우주와 대면하는 순간마다 기 싸움으로 치열했고, 이 모든 것이 끝나지 않을 것만 같았으며, 교사의 의지만으로 해결될 수 없는 것이 있음을 느끼는 무력감의 연속이었다. 그렇지만 어린이들에게는 무한한 생명력과 강인함이 있으며, 어린이야말로 누군가의 진심 어린 사랑에 답하는 희망적인 존재였다.

우주와 처음 만난 날, 선생님과 학급이 모두 낯설었던 우주는 좋아하는 공룡 장난감을 들고 와서는 서툰 한국말로 "공룡 좋아!" 하며 놀자는 것을 몸짓으로 표현하듯 나에게 다가와 공룡을 건네주었다. 그리고 다음 날에는 자기보다 형인 시후(가명)가 가지고 있는 사슴벌레를 집고 "뿔!"이라면서 마치 사슴벌레를 달라는 듯한 모습으로 자기가 가지고 있던 문어를 시후에게 전해준다. 공룡과 사슴벌레를 좋아하는, 마냥 귀여운 어린이인 줄 알았던 우주는 입학한 지 사흘 만에 본래의 모습을 보여주기 시작했다. 소리도 없이 교실 밖을 뛰어나가 감쪽같이 사라지는 건 일상이어서 교직원들이 모두 우주를 찾아 헤맸으며, 친구들과 놀다가 자기 마음에 들지 않으면 말릴 틈도 없이 친구 얼굴에 생채기를 내기도 했다. 거친 손길은 친구뿐만 아니라 교사에게도 향하여, 화가 나는 무엇인가가 조금이라도 생기면 악을 쓰며 주먹으로 때리고 발로 차는 우주의 행동을 매일같이 감당해야 했다.

툭 건드리면 당장이라도 바스러져 버릴 만큼 몹시 지치고 힘들었다. 우주의 마음을 이해하고 싶고 도와주고 싶은데 무슨 이야기를 하는지 도저히 알아들을 수 없었고, 17명의 어린이와 함께 있었기에 우주만 온전하게 돌볼 수 있는 상황이 아니어서 몸과 마음은 계속 지쳐갔다.

어떻게 이 전쟁 같은 일상에서 벗어날 수 있을까, 어떻게 하면 우주와 함께 지내는 하루하루가 고난으로 느껴지지 않을까, 대체 우주는 왜 그러는 걸까!!! 풀리지 않을 것 같은 고민을 거듭한 끝에, 결국 해결책은 힘들어하는 교사의 마음이 아니라 우주의 마음에 다시 온전히 집중해보는 것으로 귀결되었다. 어린이들의 마음은 교사보다 주체인 어린이들이 더 잘 알고 있지 않을까, 스스로 그 마음이 무엇인지 알 수 없을지라도 어린이에게 온전히 집중하고 그의 시선으로 바라보고자 애써본다면 조금이나마 마음을 헤아려줄 수 있지 않을까 싶었다. 그렇게 마음을 다잡고 다시 우주를 바라보니, 우주의 또 다른 삶과 변화 그리고 성장의 순간을 목격하게 되었다.

 우주의 가족 그리고 일상부터 다시 들여다보았다. 우주 가정의 양육방식은 내가 알고 있던 것과는 차이가 있었다. 통제할 수 없는 우주의 예측 불가능한 행동을 조절하기 힘들었던 할머니는 언어적 소통보다는 잡아당기기식의 방법으로 우주를 통제했고, 부모님은 저녁 늦게까지 생업에 종사하기 때문에 우주와 소통할 시간이 턱없이 부족했다. 그렇기에 우주가 자기 마음을 표현하기 위해 선택한 방법은 익숙한 방식인 거친 행동과 본능적인 울음과 분노였다. 우주가 살아가기 위한 생존방식이었다.

 그렇지만 우주는 늘 선생님에게 사랑한다고 표현하는 아이였다. 아침에 등교할 때, 점심 먹을 때, 자기가 좋아하는 것을 선생님이 함께할 때 등, 일상에서 선생님에게 자주 사랑한다고 표현을 했다. 우주는 사랑이 필요한 어린이였다. 우주의 가족 또한 우주를 사랑하지만, 우주가 필요한 마음의 깊이만큼 채워주지는 못했던 것 같다. 그래서 우주는 유치원에서 불안을 느끼거나 불만이 생겼을 때 채우지 못한 자신의 공허함을 채우기 위해 더 화를 내는 것 같았고, 다른 친구들에게 관심을 받기 위해 작은 일에도 울음을 터뜨린 것 같다. 분노와 울음, 때리는 행동은 상대방이 즉각 반응을 보이는 행동이기도 했기에 우주에게는 관심을 받기 위한 행동으로 새겨졌던 것일까? 이렇게 우주의 행동에 물음을 제시하면서부터 문제행동이라고 생각되던 모든 모습이 우주가 사랑받고자 애쓰는 모습으로 비치기 시작했다.

우주의 내면을 들여다보려 하니, 우주가 유치원이라는 사회에서 적응하고 잘 지내기 위해 얼마나 많은 노력을 하는지 느낄 수 있었다. 통제로 가득 찼던 이전의 우주의 세상에서 만난 유치원은 자유가 살아 숨 쉬는 쉼터였다. 그렇기에 여기서기 궁금한 공간을 더 탐색하고 싶었던 것이고, 제약받지 않고 마음껏 뛰어다니고 싶었던 것 같다. 무작정 떼를 쓰고 때려서 원하는 것을 해내려는 마음 또한 다른 친구들처럼 자신의 감정을 말로 표현하는 것이 어려운 우주가 어떻게든 자신의 마음을 알리기 위한 몸부림이었다. 문화와 표현 방식도 다른 나라에서 우주는 기특하게도 할 수 있는 최선을 다해 적응하려고 노력했고, 자기 삶을 온전히 이해해주는 어른의 따뜻한 인정과 도움이 절실했으며, 안정된 환경에서 스스로 선택하고 결과에 책임을 지는 경험이 필요했던 것이다.

우주의 삶과 내면을 들여다보는 과정은 우주의 삶과 내 삶을 연결하는 과정이기도 했다. 우주와의 만남이 전쟁 같았던 이전의 나날들이 우주와 눈 맞추며 교감하고 서로에게 위로와 사랑을 전하는 나날들로 변화해갔다. 고됨과 다독임의 반복 속에 교사가 스스로 모든 것을 다 해줄 수 없다는 한계를 인정하니까 우주만을 위한 맞춤형 지원 방안을 고민하게 되었고, 우주의 가정 또한 우주의 삶의 일부분임을 느끼게 되니 학부모 지원 및 교육에 더 적극적으로 고민하며 해결방안을 모색하게 되었다. 서로에게 교감하는 과정은 순탄하지 않았지만, 교사의 모든 노력을 우주가 느끼고 변화해주었으면 하는 마음을 비우고 매일 순간마다 눈을 맞추고 반응하며 살아갔다.

그렇게 한 달 두 달이 지날 무렵, 화가 나면 무턱대고 친구를 먼저 때리고 울던 우주가 정확히 알아들을 수는 없지만 웅얼거리면서 자기감정의 뭔가를 표현하기 시작했다. 갈등 상황이 반복됐을 때 마음을 표현하고자 했던 수많은 시도와 연습이 쌓인 결과였을까. 우주가 속상한 마음을 용기 내어 표현하는 시도를 하는 것이다! 그래서 이 순간을 놓치지 않고 포착하여 우주의 표현을 이해하기 힘들어하는 또래 친구들에게 대신 전달해주었다. 때려서 미안하다는 말만 기계적으로 반복하는 것이 아니라, 마음속 응어리를 풀어내려고 노력하는 우주가 너무나 기특했다. 늘 같은 자리를 반복하고 있는 줄만 알았는데 우주는 내가 느끼지 못하는 매일의 일상에서 자기가 할 수 있는 모든 것을 다 하고 있었던 것이다.

우주는 자기가 부족했던 사랑이 충족되는 순간을 경험하자 그 사랑을 같은 반 친구들에게 표현하기도 했다. 여분의 마스크를 잘 챙겨오지 않던 우주는 마스크가 젖으면 선생님이 구급함에서 마스크를 꺼내주는 것을 지켜보곤 했다. 마스크가 젖으면 홱 던져 버리기에 마스크를 자주 꺼내주었는데, 한번은 급식실에서 유미(가명)의 마스크 끈이 끊어지는 걸 우주가 목격했다. 다른 어린이들 급식 먹는 것을 도와주고 있는데 갑자기 우주가 사라졌다. "어휴, 또 어디로 사라졌네…." 한숨을 쉬며 우주를 찾아 나서는데 우주가 급식실로 마스크 하나를 가지고 돌아왔다. 혼자 교실까지 가서는 자기가 늘 보던 구급함에서 마스크를 꺼내와 유미에게 전해준 것이다. 유치원에서 우주 때문에 친구들이 많이 답답해하고 힘들어하지만 그래도 우주가 특별한 도움이 필요함을 모두가 인정하고 배려해준 마음이 전달된 걸까? 우주의 마음을 다 알 수는 없지만 분명 우주는 교사, 친구, 형 누나들의 사랑을 마음으로 품으며 변화해가고 있었다.

　이전에는 한 번도 그림을 그리지 않던 우주는 이제 동그라미 다섯 개로 선생님의 얼굴을 그려서 보여주고, 테이프로 리본을 만들어 선생님 머리에 붙여주며 "예쁘다"라고 이야기해준다. 그렇다고 우주가 자기 생각을 또박또박 표현하는 것은 아니며, 거친 행동이 사라진 것 또한 아니다. 우주는 아직도 거칠고 자기 멋대로 유치원을 즐겁게 다니고 있다. 그렇지만 전보다는 친구의 배려를 당연하게 생각하지 않으려 하고, 친구의 글썽거리는 눈물을 바라보며 자기 행동이 누군가를 아프게 한다는 것을 이해하고자 노력하고 있다. 좋아하는 누군가를 위해 자신의 마음을 표현할 줄 알게 되었고, 누군가를 기쁘게 해주며 자신의 공허한 마음을 채워가고 있었다. 교사가 생각하는 성장 곡선이 아닌, 우주의 마음이 허락하는 자신의 인생의 흐름에서 누구보다도 즐겁고 치열하게 하루를 살아가며 자라나고 있었다.

우주의 자람은 교사의 삶을 살아가는 나라는 존재도 성장시키고 있었다. 무력감과 두려움으로 우주를 마주하기 힘들어했던 교사에게 기다림이 얼마나 고된 것인지, 그리고 그 고됨이 서로에게 더 진정으로 얽혀가는 데 얼마나 가치 있는 것인지 깨닫게 해주었다. 그렇기에 우주를 바라보면 그 어떤 어린이들보다도 애틋하다. 우주의 분노를 따뜻하게 안아주고 싶고, 우주의 공허함을 채워주고 싶다. 우주로 인해 같은 반 친구들이 힘들다고 할 때는 어떤 가치가 더 중요한 것인지 갈등이 생기기도 하지만, 우리 반 모든 어린이가 행복하길 바라는 것처럼 우주의 삶 또한 문화적 편견과 장애 없이 행복함으로 충만했으면 좋겠다.

그래서 다시 다짐하게 된다. 어린이의 모든 행동과 표현에는 저마다 이유가 있음을 잊지 않고 어린이의 관점에서 궁금해하리라. 유치원 교사로서 살아가는 동안 나와 함께하는 모든 어린이가 기억하지 못하더라도, 온몸이 바스러져 버릴 것 같은 고됨을 가치

있게 여기는 누군가가 온 마음을 다해 사랑했음을 느끼도록 진심으로 사랑하리라. 그리고 공허함과 분노로 자신을 통제하기 힘들 때도 누군가는 늘 너의 뒤를 지켜주고 있음을 간직하도록 변치 않고 기다려주리라. 물론 이런 다짐이 하루아침에 단단히 새겨질지는 모르겠지만, 앞으로 예측할 수 없는 우주와의 또 다른 시간을 마주하게 될 나에게 희망의 조각으로 남아 힘들 때마다 다시 꺼내 볼 수 있으면 좋겠다. 내가 고돼도 나는 너를 사랑하니까!

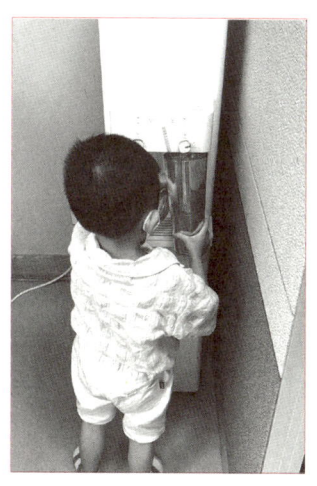 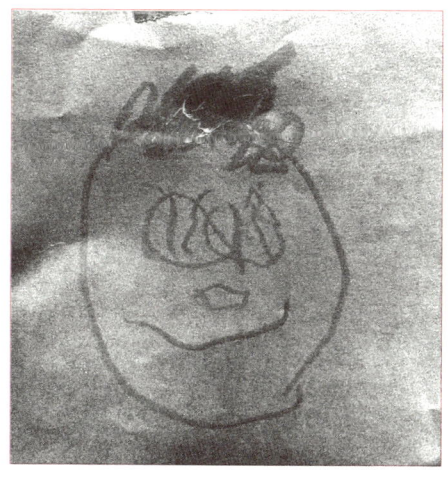

선생님의 사랑을 마음으로 느낀 어린이는 자신의 자람으로 그 사랑에 화답한다. 그림을 한 번도 그리지 않던 우주가 유치원에서 처음으로 그린 그림은 선생님의 얼굴이다. 떼쟁이에서 선생님이 필요한 물을 떠주고 싶어 하는 우주의 변화된 모습에서 선생님 또한 고됨을 뛰어넘는 사랑을 느낀다. 그렇게 서로에게 사랑이 새겨진다.

[자람-공동체]

고요히 그리고 충분히 재미있게

교사 **육형준**

유나는 책을 참 좋아한다. 아이들을 만난 지난 수년 동안 이렇게까지 책을 좋아하고 즐겨보는 아이는 없었던 것 같다. 유나는 정말 책 보는 걸 좋아한다. 그래서일까, 더욱 유나가 예뻐 보였다. 올해 학급은 남자아이들이 조금 더 많은 데다가 바닥에 엉덩이를 붙이고 앉아 놀이하는 아이들이 적은 편이기에, 이렇게나 조용히 앉아서 책을 보는 아이는 더 예뻐 보일 수밖에 없었다.

유나의 하루 일과는 이렇게 시작한다. 등원하면 가방을 정리하고 책장에서 책을 한 권 뽑아 든다. 의자나 푹신한 소파에 앉지도 않는다. 그냥 바닥에 책을 펴고 그 앞에 앉아 읽는다. 소리 내어 읽지도 않는다. 자세도 크게 바뀌지 않는다. 한 권을 다 읽으면 제자리에 꽂아두고 다른 한 권을 뽑아서는 또 바닥에 앉아 책을 읽는다. 그렇게 유나는 1시간, 아니, 그 이상도 제 자리에 앉아 책을 읽는다. 옆에 누가 있든, 누가 지나가든, 무슨 일이 벌어지든.

유나에게 책 읽기는 어떤 시간일까. 그것은 마치 혼자놀이의 시간 같았다. 고요히 그리고 충분히 재미있게 즐기는 혼자만의 놀이 같았다. 유나는 괜찮아 보였다. 그런데 나는 마냥 괜찮지만은 않았다.

유나를 위한 지원 방법으로, 다른 또래 여자아이들의 놀이를 그대로 읽어주었다. 유나 주변에서 여러 명이 어울려 재미있게 놀이를 하고 있다면 그 놀이에 내가 먼저 반응했다. 여자아이들의 이름을 불러가며 누가 어떤 역할을 맡았는지, 어떻게 놀이가 진행되는지, 무엇을 만들고 꾸미고 있는지 등을 유나가 들리게끔 말했다. 그리고 놀이에서 무엇이 필요한지 평소보다 조금 더 큰 목소리로 아이들과 이야기해 보았다. 유나가 책을 덮고 또래의 놀이에 조금씩 관심을 보이며 찾아왔다. 그리고 반응했다. "그건 이렇게 하면 돼요.", "이거 책에서 봤던 이야기예요.", "내가 만들어 올게요." 내 옆에 서서, 내 어깨를 짚고, 내게 말을 한다. 친구들이 아닌 나를 향해 말하지만 괜찮다. 유나가 또래의 놀이에 관심이 있다는 게 느껴졌다. 시간이 흐를수록 여자아이들의 놀이와 나의 반응에 좀 더 관심을 보이더니 이제는 내가 아닌, 친구들에게 말을 걸고 친구들의 말에 직접 반응한다.

이제 유나는 등원하면 가방 정리도 잊은 채 어제 하원 후 있었던 일이나 아침에 등원하면서 있었던 이야기를 친구와 나누며 하루를 시작한다. 하루 8시간을 같은 공간에 있었음에도 마치 24시간을 모두 공유하고 싶다는 듯이. 그리고 무엇보다 이전처럼 책을 1시간가량 읽지 않는다. 아니, 10분을 넘겨 읽는 날도 많지 않다. 심지어 책을 읽지 않는 날이 더 많아졌다. 그럼에도 유나는 괜찮아 보였다. 나도 괜찮아졌다.

유나 어머니도 유나가 책을 좋아하고 유치원에서도 책을 많이 읽는 걸 잘 알고 계셨다. 책을 좋아하고 많이 읽는 것을 싫어하는 부모가 있으랴만, 유나 어머니는 또래와의 관계도 무척 기대했다. 유나 어머니와의 상담은 이 부분이 주를 이루었다. 유치원에서는 유나가 책 보는 것 외에도 다양한 놀이에 참여하기를 권하고 또래들과 어울려 놀며 즐거움을 경험하게 하겠다고 했다. 가정에서는 유나가 유치원에서 어울려 놀며 가졌던 즐거움을 상기시켜보도록 조금씩 이야기를 나눠달라고 했다. 이런 과정을 거치며 '유치원에서 혼자 책 읽기'에 관해 나름의 정리가 되었다며 유나 어머니가 들려준 '유나의 말'은 이렇다.

"괜찮아, 책은 집에서도 읽으면 돼."
"유치원에서는 친구들이랑 같이 놀면 돼."
"그리고 선생님이 책 읽어줄 때 친구들이랑 같이 듣는 것도 재미

있어."

유나가 자랐고 엄마가 자랐다.
그리고 나도 자랐다. 우리 모두 한 뼘 더 자랐다.

고마움

서로 다른 색이 만나 기꺼이 물들어가고
마음이 말랑말랑하게 서로를 향해 부드러워진 그 시간이 고맙다.
조급한 마음을 조절하여 발걸음을 맞추려는 노력에 고마웠다.
나는 내가 건강해서 나에게 고맙다.
나를 소중하게 여긴 나 자신에게 고맙다.
나를 먹이고 입혀주신 가족에게 고맙다
내 친구가 나랑 놀아서 고맙다.
우리에게 숲이 있어서 고맙다.
우리 반 친구가 있어서 고맙다.
나를 사랑해주어서 고맙다.
나를 따뜻하게 바라봐주어서 고맙다.

[고마움-나(교사)]

선생님, 고맙다고 해줘서 고마워요

교사 **강창아**

    교사로서 만나는 고마움의 순간들이 있다. 삐뚤빼뚤한 글씨와 귀여운 그림이 그려진 편지에 "선생님, 고맙다고 해줘서 고마워요."라고 적혀 있었다. 어느 날 우리 반 아이가 나에게 건네준 편지다. 가만히 생각해보니 내가 전날 그 아이의 어떤 행동에 대해 고맙다고 했던 것 같다. 하지만 무엇 때문에 고마웠던 것인지 잘 생각나지 않았다. 그만큼 사소하고 찰나의 순간이었는데, 아이는 선생님이 자신에게 고마움을 표현한 것이 마음에 와닿았나 보다. 고사리 같은 손으로 집에서 편지를 준비했을 아이를 생각하니 고마움을 표현했던 나의 행동을 다시금 돌아보게 된다.

    아이들과 함께하는 직업이기 때문에 다른 사람들보다 일터에서 고마움의 인사를 자주 표현했다고 생각한다. 내가 고마움을 자주 표현하려 했던 것에는 두 가지 이유가 있다. 하나는 선생님인 내가 아이들의 사소한 행동에 고마움을 표현함으로써 어린이가 자신도 다른 사람에게 도움을 줄 수 있는 존재라는 점을 느낄 수 있게 하는 것이고, 또 하나는 고마움을 표현하는 나의 행동을 보고 아이들도 다른 사람의 행동을 고맙게 느끼고 그것을 잘 표현하길 바라서다. 돌아보면 기계적으로 고마움을 표현한 순간들도 있지만, 내가 으레 표현하는 그 순간에도 고마운 마음이 아이에게 와닿으면서 내 진심이 옅게라도 섞이길 바라는 마음이 있다. 그리고 다시 생각해본다. 나는 아이들에게 고마운 교사일까. 나는 다른 사람에게 고마운 사람일까.

어린이가 내 마음에 와닿게 해준 말 한마디가 고마움에 대해 깊이 생각할 기회를 주었다. 고마움을 생각하면 생각의 흐름이 자연스럽게 동료 선생님에게로 이어진다. 내가 유치원에서 아이들만큼 진심으로 고마움을 느끼는 존재가 바로 동료 선생님이기 때문이다.

국어사전에 나온 동료의 뜻은 '같은 직장이나 같은 부분에서 함께 일하는 사람'이라고 한다.

우연히 보게 된 글에서도 동료와 친구의 차이점은, 친구는 내 의지에 의해 만들어진 관계인 반면, 동료는 타의에 의해 맺어진 관계라고 한다. 덧붙여 특별한 상황이 아닌 이상 함께 일할 동료를 선택할 가능성은 거의 없다고 한다. 어쩔 수 없이 만난 사이, 일로 만난 사이, 그게 바로 동료다. 하지만 나는 동료의 사전적 뜻에서

'함께'라는 말에 집중하게 되고 마음이 간다. 내가 생각하는 동료는 '함께' 일하는 사람, 즉 내가 하는 일을 공유하고 나누며 같이 고민하고 같이 나아가는 존재다. 그냥 단순히 일하는 공간에 함께 있는, 말하자면 교무실을 공유하거나 옆 교실을 쓰는 '옆 반 선생님'이 앞서 말한 함께하는 존재로서 '동료 선생님'이 되는 순간들이 있다. 순간이라고 했지만, 순간순간이 모여 삶이 된다는 말처럼 동료 선생님과 함께하는 순간들이 모여 나는 교사로서 공감과 지지를 받는 삶을 살게 되었다.

동료 선생님이 나에게 전해주는 공감과 지지는 교직 생활을 지탱할 힘을 준다. 이러한 공감과 지지는 내가 약해졌을 때 더 빛을 발한다. 내가 흔들리는 순간 나를 잡아주는 따뜻한 말들은 나를 더 탄탄하게 만들어주고, 흐려졌던 시야를 분명하게 해주기도 한다. 내가 중요하게 생각해야 할 가치나 놓치고 있던 부분을 다시 돌아볼 수 있게 해준다. 많은 선생님이 아이에 대해 고민하면서 흔히들 '현타(현실자각시간)온다'라는 감정을 느끼거나 교사로서 자존감이 떨어지는 것을 느끼는 경우가 많은 듯하다. 나도 해결될 것 같지 않은 막막한 고민의 늪에 빠진 적이 있다. 그럴 때 동료 선생님이 내 얘기를 옆에서 들어주는 것만으로도 충분한 위로가 되었지만, 대화 과정에서 마음에 와닿았던 공감과 지지의 말들이 있었다.

"나도 그런 적이 있다. 선생님이 느끼는 감정에 나도 공감한다.", "고민하는 선생님이 훌륭하다. 선생님이 왜 그런지 이해한다. 나도 그랬다.", "나라면 이렇게 했을 텐데 그래도 그 친구는 선생님을 만나서 참 좋겠다.", "선생님의 이런 모습이 좋아 보인다. 쉽지 않은 일인데 대단하다고 생각한다."

동료 선생님들의 공감과 지지를 받고, 나의 문제나 고민을 함께 나눠주는 경험이 쌓이면 '나만의 문제가 아니구나. 나만 그런 게 아니구나. 다 이런 고민을 하는구나.'라는 생각과 한편으로는 안도감이 들기도 하며, 혼자가 아니라는 느낌과 더불어 다시금 문제를 바라보고 해결해보려는 힘이 생기기도 한다. 그렇다면 나는 어떤 동료인가. 전문적학습공동체를 주제로 하는 연수 강사로 몇 차례 출강한 적이 있다. 주제가 주제인 만큼 동료 선생님들과 함께했던 전문적학습공동체 과정에 대해 공유하게 되었다. 그 과정에 전제조건이 되는 것이 바로 동료성이다. 동료성을 이야기할 때 연수를 듣는 선생님들의 분위기를 안다. '저 유치원에 좋은 선생님들이 많나 보다, 내 주변에는 왜 그런 선생님이 없지?' 하는 느낌. 그럴 때 나는 이 부분을 같이 생각해보자고 말한다. '나는 어떤 동료인가?'

나도 나에게 힘을 주는 동료 선생님들에게 좋은 동료가 되고 싶고, 공감해주고 지지해주는 동료가 되고 싶다. 부단히 노력해야겠다고 생각한다. 그리고 내가 만나지 못한 세종시의 모든 교사가 내 동료가 될 수 있다고 생각한다. 함께 서로의 배움을 책임지는 동료가 되고 싶다. 일상에 자연스럽게 스며든 공감과 지지의 대화와 전문적학습공동체를 통해!

동료 선생님들은 나에게 고맙다고 말한다.
이 글 처음에 쓴 아이의 편지 속 말처럼, 동료 선생님들에게 "선생님, 고맙다고 해줘서 고마워요."라고 말하고 싶다. 나의 작은 배려나 행동에 고마움을 표현해줘서, 나와 공감해줘서, 나를 인정해줘서, 나를 동료라고 생각해줘서 고맙다.

[고마움-나(교사)]

고리롱의 시간

교사 **박세영**

"선생님, 고리롱이 죽었대요." 하루 일과를 마치고 집에 갈 때 동건이는 늘 내 손을 잡으며 이렇게 말했다. "고리롱이 왜 죽었는데?"라고 물으면 "당연히 나이가 많아서 죽었죠."라고 했다. 매일 고리롱의 죽음과 죽음의 이유의 순환적 루트를 반복하다가 문득 고리롱에 대해 찾아보고 싶어졌다. 동건이와 같이 고리롱이 나오는 유튜브 영상을 찾아보았다.

창경궁에서부터 살았던 '고리롱'이라는 이름을 가진 로랜드 고릴라는 서울대공원으로 옮겨졌다. 그러나 사람들은 관리가 편하도록 고릴라 방사장을 콘크리트로 만들었고, 이 때문에 발톱이 썩어서 잘라냈다. 오랜 시간 동물원 우리에 갇혀서 발톱까지 잃은 고리롱은 야생의 습성을 잃고 외롭고 쓸쓸하게 죽는다.

동건이가 들려주는 고리롱의 이야기는 슬펐다.

교육부 장관이 난이도 조정 실패를 사과하고 대통령이 유감을 표했던 수능을 망치고, 단 한 번도 생각지 않았던 대학의 유아교육과에 원서를 냈다. 내가 유치원 교사가 될 거라는 생각을 해본 적도 없이 지원한 유아교육과에는 떨어졌다. 재수학원에 등록하고, 재수생다운 의기소침함에 빠져서 이런저런 준비를 하고 있던 어느 저녁, 잠을 자려고 누웠는데 전화가 왔다. 추가합격이 되었으니 등록 여부를 알려 달라는 것이었다. 장래 희망과 상관없이 망쳐버린 수능과 부모님의 판단으로 결정된 대학교와 재수 사이, 무엇을 선택하든 후회하겠지. 그러나, 추가합격이라니! 패자부활전에서 가까스로 부활한 사람은 성공민 해온 사람보다 성공에 대한 더 큰 열망을 갖게 되는 것이다. 나의 선택은 다음 날 재수학원 등록을 취소하는 것이었다. 등록비를 환불받기 위해 열었던 학원 문은 유난히 무거웠다. 어쩌면 미리 체험해본 재수생의 어딘지 모를 주눅 비슷한 것과, 그제서야 내 인식에 자리 잡은 인생의 중대한 진로를 결정하는 것, 두 선택지를 놓고 가늠되는 기회비용의 무게였을지도 모른다.

그런 무거운 선택을 하고, 가지 않아도 되는 신입생 오리엔테이션에 부득부득 갔다. 동기들 대부분이 나처럼 유치원 교사가 진로나 장래 희망의 카테고리에 한 번도 들어온 적이 없었던 것을 알게 되었다. 지금 맞닥뜨린 운명에 순응하는(어쩌면 체념에 가까운) 듯한 분위기에서 나는 묘한 반발심으로 유아교육과 학생답지 않으려고 노력했다. 유아교육과 학술제에서 인형극이나 율동을 연습하는 대신 나는 아동학대에 대해 자료를 조사하고 발표를 했다. 과 친구들이 많이 듣는 교양수업을 피해 나는 대학 물리나 생물학, 화학 같은 과목들을 일부러 찾아 들었다. 수업이 끝나면 혼자 도서관에 가서 유아교육과 학생은 읽지 않을 듯한 책들을 골라서 유아교육과 상관없을 것 같은 단어들로 위안을 삼았다.

"유아교육과에서는 뭐 배워?"라는 질문을 종종 받았다. 호기심에서 물어보았겠지만, '유아교육'이라는 전공의 이름에서 무엇을 배우는지 외국인이 아니라면 이미 그대는 답을 알고 있지 않은가. '유아-만 3~5세의 아이들을, 교육-가르치는 것을 배운다'라는 것을 굳이 왜 질문하는가. "법학과에서는 뭘 배워?", "물리학과에선 뭘 배워?"라고 묻는 사람은 잘 없지 않은가.

답해야 하는 입장에서 이런 질문의 함의를 크게 두 가지로 정리해보면 다음과 같다. 먼저, 만 3~5세의 아이들은 무엇을 배우는 존재가 아니다. 잘 놀고, 잘 먹고, 잘 자면 그걸로 충분한 것이다. 할머니 댁에 놀러 갔을 때, 할머니 이웃에 사시는 친구분이 어느 학교에 다니는지 무슨 과인지 물으셨다. "유아교육과 다녀요."라는 나의 대답에 "거는 뭐 하는 데고?" 하는 질문을 되받았다.

우물쭈물하고 있는 나 대신 옆에 있던 엄마가 대답해주셨다.

"어린 아아들(아이들) 가르치는 선생 되는 데 아닙니까. 아아들 가르치는 거 배우지예."

"내사 마, 그런 거 안 배아도 아아(아이)만 잘 키웠다."

이런 일은 유아교육과를 다니면서 종종 감수해야 하는 일들로 펼쳐졌다. 나 역시 대학에서 무엇을 배우는가에 대한 질문은 내가 공부하는 것들로 명백한 답의 근거를 삼을 수 있었으나, 왜 그것을 배우는가, 즉 어린이들을 가르치는 것을 왜 배우는가에 대해 드러낼 수 없는 불편한 의구심이 들었다. 나의 대학 생활의 명한 순간에는 '배우지 않고도 할 수 있는 일을 어렵게 배우고 있는 건 아닌가.' 하는 생각과 함께 '이번 생은 망했으니 될 대로 되라'는 식의, 자포자기 심정이 뒤엉켜 있었다.

유아교육과에서 무엇을 배우냐는 질문의 또 다른 의미에는 아이를 향한 귀여움과 천진난만함과 동격인 유치원 교사다움이 스며들어 있었다. 내가 학생으로서 배우는 것들도 아이스러움 이상의 것은 아니었다. 이런 의도를 숨긴 그 질문에는 '색종이 접기나 율동, 이런 걸 배우나?' 같은 추측이 따라붙었다. 거기에는 '뭐 그런 걸 비싼 등록금을 주면서 배우지?' 하는 생각에서 비롯된 호기심이 있었을 것이다.

대학 4년간, 이렇게 종종 나를 당황하게 하는 일들을 겪으면서 내가 유치원 선생으로 '적합'한지 성찰해 보기도 했다. 좋은 말로는 성찰이지만, 사실을 직시하면 내가 유치원 교사와 어울리지 않을 경우 언제라도 때려치우는 것을 합리화할 수 있는 안전한 핑곗거리를 만들고 있었다. 몇몇 과목에서 수업 시연을 하면서 나는 유치원 교사가 어울리지 않을뿐더러 노력해도 내가 할 수 없는 일이라고 생각했다. "어린이 여러분~ 오늘은 선생님이 무엇을 준비했을까요?"—이런 말을 내뱉는 것이 어색하고 어려웠다. 남들이 생각하는 유치원 교사의 모습에 가까워지기 위해 노력하고 있었지만 그것은 나에게 어울리지 않았고, 유치원 교사답지 않은 모습만 더욱 도드라지게 할 뿐이었다.

내 거친 생각과 불안한 눈빛 이면에는 작지만 이런 일말의 희망도 있었다. 사람들의 선입견이나 편견에 걸맞은 교사가 아니라 나는 아이들을 사랑하는 좋은 선생님이지 않을까, 나의 성실함이 좋은 교사의 한쪽 면은 아닐까, 나의 긍정적인 면이 훌륭한 선생이 되는 길로 나를 안내하지 않을까, 내가 좋은 교사가 되면 선입견에 맞설 수도 있지 않을까, 나를 잃지 않고 나다운 모습이라도 그것대로 좋은 선생님의 모습이지 않을까 하는 기대들로 부풀어 오르기도 했다.

4학년 때 졸업 예정자 자격으로 유치원 교사 임용시험을 봤는데, 열심히 외우는 것 이상은 아니었다. 의미 없는 글자를 달달 외우는 것밖에 할 수 없었다. 졸업식에서 내 삶의 거름과 발판이 되어준 대학의 시간에 감사한다고 하면서도 그 순간조차 '여기 있는 그 누구보다 내가 유치원 교사가 될 수 있을까?' 하는 고민과 두려움이 있었다.

어영부영 고민하는 사이에 유치원 교사가 되었다. 아니, 되어 있었다. 어려운 시험에 통과했기에 이제 와서 그만두겠다느니, 때려치우겠다느니 하는 마음은 무의식 어느 곳으로 보내 버렸지만, 내가 있는 자리는 내가 있어도 되는 곳인지 여전히 묻게 했다. 아이들은 내 질문에 동문서답하고 내가 하는 이야기를 들어주지 않았다. 아이들에게 늘 휘둘리는 못난 선생이었고, 경력 없는 신규 교사가 불안해서 우리 반 교실을 서성이는 시선들에 움츠러들었다, 학부모와는 어떻게 소통해야 할지 몰라서 늘 절절매었다. 아이들에게 줄을 서자고 하면 이이들을 나를 빙 둘러싸고 내 눈을 보며 서 있었다. 아, 나는 줄도 하나 못 세우는 선생이구나. 역시 이건 내 길이 아니었구나, 나와 맞지 않는 이 일을 왜 하고 있나? 나는 늘 대학 입학의 순간으로 돌아가 차라리 재수생이 되지 그랬냐며 나를 질책하기도 했다.

"사육사는 당근 한 조각도 씹지 못하는 고리롱을 위해 주먹밥을 만듭니다. 이렇게 정성스럽게 주먹밥을 만들지만, 그렇다고 고리롱이 마음껏 먹을 수 있는 것은 아닙니다. 고리롱은 암컷인 고리나의 눈치를 보다가 고리나가 떠나면 그때에서야 주먹밥 하나를 겨우 먹을 수 있습니다."

　　이렇게 동건이는 다큐멘터리의 내레이션을 거의 흡사하게 따라 한다. 지금 나는 유치원 선생님으로서 그런 동건이의 의미 있는 삶의 경험들을 읽고 공감하며 순간순간의 감동으로 살아가고 있지만 나에게 고리롱의 시간들이 있었다.

　　고리롱은 자기다운 삶을 살지 못하는 자신의 처지에서 방황하고 고뇌했다. 사람들은 고리롱에게 말했을 것이다. '방사장을 깨끗하게 청소도 해주고 먹이도 주는데 왜 너는 왜 병드는 거냐'고, 그러면 고리롱은 사람들에게 답했을 것이다. '이건 나답지 않다.'고, 그러면 사람들은 '너는 동물원 고릴라이니, 이렇게 사는 것이 너다운 것이야. 그러니 너답게 굴어'라고 할 것이다. 고리롱은 '무엇이 나답다는 거야? 내가 방사장에 갇혀서 슬퍼하고 화내는 모습을 보러 사람들이 올 거야. 그것이 동물원 고릴라다운 모습이 아닐까.'라고 할 것이다.

　　나답지 않은 정체성을 억지로 장착하기 위해 나의 본래의 모습과 누군가에게 기대되지만 나에게 어울리지 않는 모습 사이에서 갈 길을 잃었던 나의 시간들, 유치원 교사다움은 '나를 깎아서라도 맞춰야 하는 나다움'인지 '있는 그대로의 나다움'인지 몰라서 헤매던 시간들… 고리롱의 시간들이다.

교실에서 아이들은 병아리처럼 나를 졸졸 따라오기도 하고, "선생님, 나랑 놀아요."라며 내 손을 잡는다. 작은 손이 내 손을 잡으면 내 의식 속의 아이들의 존재가 커진다. 아이들이 다른 곳에 정신이 팔렸을 것 같을 때도 촉각이 나를 향해 있다는 것을 느끼기도 한다. 나는 유치원에서 선생님이기보다 친구에 가까운 존재일 때가 많다. 아이들과 달리고, 술래잡기하고, 아이처럼 아이들과 논다. 그리고 그렇게 같이 놀면서 아이들의 성장과 변화를 읽기도 하고, 아이들의 삶에서 많은 의미를 찾아내는 나는 행복한 선생님이다.

아마도 고리롱의 시간이 필요했던 것 같다. 고리롱의 시간을 잘 버티어 지금에 온 나를 돌아보며 '나는 유치원 교사이고, 유치원 교사인 수밖에 없는데, 무엇이 나답다는 거야?'를 끊임없이 되물으며 방황했던 나의 과거 순간들은 후회와 미련의 시간이 아니라 고마움의 시간이다. 단언컨대, 유치원 선생이 되길 참 잘했다. 아이들 속에 있는 나는 매 순간 아이들로 인해 감동받고, 경이로움을 느끼고, 그래서 행복하기 때문이다. 기나긴 방황 속에서 다른 길을 찾았더라도 그 속에서 보람과 행복을 찾을 수 있었을 것이다. 그러나 지금 내가 느끼는 것들과는 분명 다를 것이다. 내가 모르는 그것들과 지금의 행복을 바꾸지 않을 것이다. 나는 결국 나에게 어울리는 일을 질문과 방황 속에서 찾았다.

그러나 아직도 교사다움과 나다움의 사이사이를 오가며 고리롱의 시간을 살고 있다. '선생이 이래도 돼?'라거나 '무엇이 교사의 역할이고 소임일까?' 하는 질문들로 나를 맞춰보며 살아간다. 그렇게 나라는 존재와 내가 속한 세계를 이해하려고 애쓰고 감각하고 지각하며 살아가는 나 자신에게 말한다. "수고했다. 고맙다!"

[고마움-어린이]
너의 삶에 함께하게 해줘서 고마워

교사 **김희은**

　선생님의 역할은 무엇일까? 끊임없이 아이들과 상호작용하고 지원해주다 보면 여러 지점에서 선생님의 역할에 대한 고민이 든다. 선생님의 역할은 걱정을 내려놓아야 하는 걸까? 걱정을 해야 하는 걸까? 아이들을 믿어주어야 하는 것은 알겠는데 그것이 아이에게 필요한 지원을 놓치는 결과로 이어지진 않을까 두려울 때도 있다. 그렇다고 지나친 걱정으로 이 아이의 자연스러운 삶의 과정을 방해하고 싶지도 않다.

　요즘 나에게는 일상생활에서 문득문득 떠오르는 큰 걱정이 하나 있다. 우리 반 보검이(가명)에 대한 걱정이다. 보검이에 대한 첫인상은 선생님도 친구들도 없는 어딘가에서 혼자 노는 아이였다. '괜찮아지겠지'라는 생각으로 어느덧 보검이와 2년이 다 가도록 생활하고 있다. 보검이는 아이들과 간단한 상호작용을 하고 있기는 하지만 여전히 혼자 놀이했다.

'그래, 기록을 해야지.' 보검이에 대한 기록이 나날이 쌓여갔다. 보검이의 기록을 다시 살펴보다가 이런 기록을 발견했다.

김희은 2021년 3월 15일 오후 2:53

#보검이가 편하게 동휘와 경표에게 이야기한다.
보검이는 그림을 그려서 전달해주는 것 자체가 중요해서일까, 누가 그리고 전해줘도 상관이 없었다. 동휘가 준다고 해도, 경표가 준다고 해도 보검이는 "그래! 동휘 다녀와!", "그래! 경표 그려!"라고 하며 친구들의 요구를 받아준다.
관계 맺어가는 과정이 매끄럽고 자연스럽게 보였다. 보검이는 다른 사람과 섞일 때 융통성을 발휘할 수 있는 장점이 있었다.

기록 끝에는 보검이가 관계를 맺어가는 과정이 매끄럽고 자연스러워 보인다며, 이 아이가 다른 사람과 섞일 때 융통성을 발휘하는 장점이 있다고 쓰여 있었다. 하지만 이미 보검이 걱정으로 한가득인 나는 그 기록이 다시 보이기 시작했다. 보검이는 정말 이 놀이를 함께하고 있는 걸까? 의사소통의 형태들이 너무 단순한 건 아닐까?

조그맣게 존재하던 나의 걱정이 눈덩이 커지듯 점점 속도를

높이며 크기를 불려갔다. 그 걱정 너머에는 '이제 보검이도 초등학교에 가야 하는데.'라는 생각도 있었을 것이다. 근데 막상 학부모님과 상담을 해도 형제들이 많으니 친구에 대한 필요성을 못 느끼는 것 같다며 걱정하지 않으셨다. 보검이에게 물어보면 대답을 피하며 귀찮아해 보이기도 했다. '막상 당사자가 친구와 놀이하는 것을 필요로 하지 않는 거라면, 이건 나의 과한 걱정인 걸까?' 하는 생각도 들었다.

그래서 결국 내가 교육하고 싶은 가치들에 대한 생각을 다시 정리해보게 되었다. '나는 보검이에게 어떤 것을 교육하고 싶은가?' 나는 보검이에게 친구와 함께 있을 때 느끼는 든든함, 즐거움 등을 경험하게 지원해주고 싶었다.

선생님이 개입이 가능한 상황이 될 때마다 보검이가 친구들과 상호작용하는 모습을 칭찬해주고, 놀이 상황에 보검이를 데려가 보기도 했다. 그러다 발견한 모습은 보검이가 친구들과 놀이하는 것을 즐기고, 친구와 놀고 싶어 한다는 것이었다. 그렇지만 선생님이 생각하는 이상적인 기준으로 보검이가 관계를 맺어가지는 않았다. 그렇게 조바심이 들 무렵 톱니바퀴가 맞춰지듯이 환경과 상황의 모든 것이 맞아가면서 보검이가 폭발적으로 관계를 맺어가는 하루를 함께 경험할 수 있었다.

분명히 공원에 갈 때만 해도 따로 있었던 보검이와 준열(가명)이가 딱 붙어서 다니는 것이었다. 보검이와 준열이는 큰 돌에 앉아서 서로 손을 맞대다가 위로 올리며 "파이팅!"이라고 했다. 공원에서 오리와 물장구를 보고 곤충에 관심이 많은 두 친구의 관심사가 맞아 떨어져가는 모양이었다.

곁에 있으니 보검이가 나에게 말을 걸어왔다. "선생님, 오리 이름을 붙여주고 싶은데 뭐라고 할까요?" 그 말에 "네가 한번 생각해봐"라고 하니 옆에 있던 준열이가 "천둥 어때?"라고 받아쳤다. 보검이는 "완벽한데?"라며 준열이와 오리를 보러 갔다. 그 순간 준열이의 표정이 보였다. 준열이는 그런 칭찬은 난생처음 들어보는 듯한 표정을 지으며 보검이가 말한 그 완벽한 칭찬을 되씹고 있었다. 보검이는 그렇게 친구에게 큰 영향을 줄 수 있는 어린이였다.

그렇게 준열과 보검은 서로 통했고, 선생님인 나도 운 좋게 그 순간을 함께 참여할 수 있었다. 그 뒤로 둘은 밥도 같이 먹으려 하고 붙어 다니려고 했다. 점심에 나온 사과로 장난치는 보검이를 보고 준열이는 재밌다며 웃어댔다. 멋진 하루를 보낸 보검이에게 드는 감정은 생각 외로 기특함, 대견함보다는 '고마움'이었다.

우연히 유치원 근처 놀이터를 아이들과 함께 가기 시작했고, 보검이는 여러 날을 통해 자기 아파트단지 놀이터에 꼭 가자고 해왔다. 그렇게 보검이가 사는 아파트단지 놀이터에 가니 아이들이 보검이에게 질문하기 시작하고, 평소에는 뒤로 빠져있던 보검이가 맨 앞에서 크고 또렷한 목소리로 '이곳은 우리 집이고 이곳은 내가 아기 때부터 놀던 곳'이라며 여기저기 설명해주었다. 더워서 지친다며 쉬고 싶다는 친구에게도 보검이가 가서 곁을 지켜주기도 했다.

한참을 놀다가 다섯 살 동생이 화장실에 가고 싶다고 했다. 이 때도 어김없이 보검이가 나섰다. 코알라 선생님과 함께 동생을 위해 경비실을 찾아 봐주겠다고 했다. 함께 따라간 경표가 다녀온 뒤 보검이에 대한 이야기를 전해주었다. "선생님, 보검이는 멋진 친구에요. 진주(가명)를 위해 마트에 가서 화장지를 구해왔어요." 미처 화장지를 갖고 가지 못했는데 보검이가 씩씩하게 옆에 있는 마트에 가서 휴지를 빌려왔다는 것이었다. 경표는 꽤나 흥분해서 이야기했다. 새롭게 발견한 보검이의 모습에 경표가 다 뿌듯해하는 느낌이었다.

아이들이 성장하는 포인트를 발견할 때마다 가끔은 벅차오른다. 보검이의 귀하고 소중한 삶을 넓혀가고 차근차근 만들어가는 과정을 내가 선생님이라서 운 좋게도 경험할 수 있다. 고맙게도 말이다. 그리고 그 과정을 경험하면서 나는 또 김희은라는 개인 안에서 성장해갈 수 있었다. 우리는 그렇게 서로 영향을 주며 살아가나 보다.

어쩌면 보검이는 이 모든 과정이 필요했고 앞으로도 더 필요할지 모른다는 생각이 들었다. 혼자 놀이도 하고, 선생님 걱정도 좀 시키고, 다양한 아이들과 소통해보는 경험이 실은 보검이가 하나하나 경험해야 했던 것이다. 그리고 이 아이가 존재하는 이유는 초등학교 준비를 위해서가 아니라는 사실을 다시 한 번 발견한다.

이 아이의 무궁무진하고 다채로운 현재의 삶을 어쩌면 '초등학교에 입학해야 하는데…'라는 선생님의 걱정의 틀로 가두려 한 것은 아닐까.

    이제 내 걱정을 받아들여야겠다는 생각이 들었다. 그리고 이렇게 고마움을 느끼게 하는 보검이의 능력을 한층 더 믿어보고 싶다. 내 이상적인 기준은 좀 더 내려놓자고 다짐하며 말이다. 보검이의 놀라운 인생의 한 편에 나라는 존재를 허락해주고 보검이를 통해 김희은이라는 한 존재도 성장시키는 고마운 존재이니 보답하고 싶달까.

[고마움-어린이]

서로가 서로에게

교사 **이소담**

매년 12월이 되면 길거리에 울리는 캐럴과, 티비에서 나오는 각종 예능 프로그램들이 연말이 다가왔음을 알린다. 하지만 학교에서 근무하는 선생님들에게는 이보다 먼저 일 년이 마무리되어 가고 있음을 느끼는 경우가 있다. 바로 한 해를 돌아보는 평가이다. 교육과정 평가부터 교육 주체들의 생각을 들어보는 평가들이 다양한 방법으로 운영되기에 이 기간에는 눈코 뜰 새 없이 바쁘게 시간이 지나간다. 이렇게 바쁜 와중에도 내가 가장 많은 시간을 할애하여 의미를 찾고 싶은 평가가 있다. 바로 일 년을 함께 보낸 아이들의 생각을 들을 수 있는 유아평가 시간이다.

올해는 처음 혼합연령으로 학급을 편성하여 운영하였고, 교사마다 자기 반 아이들의 특성과 중점 가치에 따른 학급교육과정도 계획하고 실행하였다. 우리가 가치 있다고 믿고 실행한 것들이 실제로 어린이들의 삶에 도움이 되었는지 궁금했기 때문에 유아평가의 질문도 앞서 말한 방향으로 잡아보았다.(유아평가의 질문 또한 올해는 각 반의 특성을 살려 자체적으로 정했다.) 진행 방식 또한 반별로 자율성을 인정해주었기에 나는 아이들과 편안한 상황에서 깊이 있는 생각을 들어보기 위해 한 명씩 개별적으로 이야기를 나누었다. 일과 중에는 진행이 어렵기에 교육과정이 끝난 후로 시간을 할애하여 충분히 소통해 보았다.(우리 반은 이를 '인터뷰'라고 불렀다.)

유아평가를 위한 질문은 세 가지를 준비하였다.
먼저 혼합연령 학급 운영에 관하여. 두루유치원 교사들은 나이라는 기준을 벗어난 관계, 다양성, 공동체성을 바탕으로 어린이 깊이 들여다보기라는 가치를 담았기에 다양한 나이의 어린이가 섞여서 놀이하며 느낀 점에 대한 질문을 가장 먼저 해보았다.
그리고, 학급교육과정에 담았던 어린이라는 존재, 교사의 역할, 교육과정의 핵심가치 등을 통해 아이들에게 어떤 배움과 성장이 있었는지 물어보았다.
마지막으로, 이것이 앞으로의 어린이의 삶에도 연결되길 바라며 아이 스스로가 어떤 존재가 되고 싶은지 들어보았다.

올해 담임을 맡은 월드스타반 18명 어린이(5세 4명, 6세 6명, 7세 8명) 중 7세인 상욱이는 작년에는 단일연령 학급에서 지내온 어린이

중 하나이기에 변화를 더 크게 느꼈으리라 생각했다. 같은 나이 친구들과도 잘 놀지만 동생들과도 자연스럽게 어울려 놀던 아이였기에 더욱 대답이 궁금했다. 상욱이가 들려준 이야기에는 내가 생각했던 것보다 더 큰 메시지가 담겨 있었다.

나: 우리 월드스타반에서 나이가 같은 친구랑 동생들하고도 함께 지냈잖아.
다 함께 지내면서 어떤 점이 가장 좋았어?

상욱: 준수(6), 종혁이(7), 진욱이(6)랑 노는 게 좋았어요. 처음에 준수가 저를 도와준 적이 있어요.

나: 상욱이는 동생들이랑 노는 것을 좋아했구나. 놀아보니 어땠어?

상욱: 동생들이랑 같이 노니까 좋았어요. 친구처럼 느껴졌어요.

나: (이 대답에 살짝 놀랐지만 아무렇지 않은 척하며)
아, 친구처럼 느꼈구나. 놀 때는 나이를 생각 안 하게 되는 건가?

상욱: 네. 놀 때는 나이 생각은 안 해요. 안 느껴지거든요.
...

나: 1년 동안 반 친구들이나 선생님한테 배운 것이나 상욱이가 도전해본 것 있었어?

상욱: 준수(6)한테 배운 게 좀 많아요. 딱지 잘 치는 방법도 알려줬어요. 지석이(6)도 알려줬어요. 바닥에 딱 붙인 상태에서 힘껏 치면 된다고 했어요.

나: 와, 상욱이는 동생들한테도 배울 점을 발견했구나. 상욱이가 처음엔 어려웠는데 지금 잘 하게 된 것도 있을까?

상욱: 음…. 처음에 왔을 땐 어색했는데 지금은 친구들하고 잘 지내요.

…

나: 상욱이는 앞으로 어떤 어린이가 되고 싶어?

상욱: 마음씨 착한 어린이요. 준수, 진욱이, 지석이처럼 친구들하고 사이좋게 노는 친구가 되고 싶어요.

'친구처럼 느껴졌다'는 아이의 대답에는 '친구=같은 나이'라는 우리나라의 나이 문화가 이미 자리 잡혀 있을 것이다. 하지만 뒤이어 들려준 '놀 때는 나이 생각은 안 해요. 안 느껴지거든요.'라는 말에는 어린이에게도 나이라는 기준에 상관없이, 그저 즐겁게 놀이하는 순간을 공유하는 존재로서의 친구를 느꼈다는 의미가 담겨있지 않을까? 이런 순간들을 경험한 어린이는 한 사람의 고유성, 그리고 그러한 사람들이 어우러져 살아가는 다양성의 의미를 느끼는 힘이 내재되어 갈 것이라 생각한다. 교사와 어린이가 함께 감응하고 있다는 느낌에 뭉클했다. 아이의 이야기에서 우리의 가치를 발견하는 것은 정말 기쁜 순간이다.

물론 모든 어린이가 상욱이처럼 처음부터 열린 마음으로 놀이를 시작한 것은 아니다.

예진이는 지민이라는 동생과 함께 지내는 것을 힘들어했다. 지민이의 자기주장이 강한 모습이 예진이는 받아들이기 힘들었고, 그것은 날 선 표현으로 여과 없이 표출되었다. 지민이가 지닌 다른 장점들이 예진이에게는 보이지 않았고, 지민이가 아무런 불편함을 주지 않고 살갑게 다가가도 예진이가 공격적으로 대해 지민이가 상처받는 일도 생겼다.

그때마다 교사로서 역할을 고민했다. '지민이가 아직 어려서', '아직 잘 몰라서' 같은 미숙함을 이유로 예진이에게 이해를 구하고 싶지 않았다. 지민이에게 어려운 점은 무엇인지 알고 기다려보는 경험, 예진이가 표현이 강하게 나오게 될 때와 불편함을 표현하는 방법 등에 대화의 초점을 맞추러 노력했다. 이러한 갈등은 나이 때문에 발생하는 것이 아니라 같은 나이여도 두 사람의 성향이 다르면 발생할 수 있다고 생각했기 때문이다. 한 사람이 다른 사람에게 온전히 이해되기란 어쩌면 불가능한 일일 수 있겠지만, 두 어린이에게 공동체 안에서 함께 지내며 '차이로 인한 다름'이 아닌 '이해와 존중'을 느끼게 해주고 싶었다.

두 어린이 사이에 있었던 모든 일을 자세히 적기는 어렵지만, 때로는 투덕거리고 때로는 대화를 통해 상대방의 생각을 인정해주며 지내며 일 년이 거의 마무리되는 지금, 유아평가 질문들에 대해 이렇게 답해주었다.

> 나: 예진이는 우리 반의 다양한 친구들과 함께 놀았는데 어떤 점이 좋거나 기억에 남아?
>
> 예진: 지민이랑 놀았던 게 좋았어요. 예전엔 힘들었는데 같이 놀아보니까 재밌었어요. 얘기하는 것도 좋았고. 지민이를 이해하게 됐어요.
>
> …
>
> 예진: 착한 어린이로 자라고 싶어요.
>
> 나: 예진이가 생각하는 착한 어린이는 어떤 어린이인데?
>
> 예진: 친절하게 대하는 거!

> 나: 지민이는 월드스타반에서 지내면서 선생님이나 친구들한테 배운 게 있어?
>
> 지민: 처음에 두루유치원 왔을 때 선생님이 알려준 거요. 짜증 내지 않고 말로 알려줄 수 있다고. 우식이도 그랬어요. 모든 사람은 다 소중하다고 알려줬어요. 아, 그리고 언니 오빠들도! 모르는 게 있을 수 있다고요.
>
> …
>
> 지민: 모든 걸 다 알고, 아직 모르는 동생들한테 모든 걸 가르쳐주는 어린이가 되고 싶어요.

같은 유치원, 같은 반이라는 공동체로 만난 아이들이 서로를 통해 배우고 성장하고 있다. 아이들에게서 보이는 그 배움이 곧 나의 배움이 된다. 서로에게 배울 수 있는 어린이와 선생님으로 만나 참 고맙다. 서로가 서로에게… 그렇게 우리는 고마운 존재가 되어 함께 살아간다.

[고마움-어린이]

언제나 너를 응원해

교사 이지영

별이는 매일 아침 엄마에게 편지를 쓴다. "엄마 사랑해." 그러고는 편지를 소중히 접어 가방에 넣는다. 나는 매일 아침 그 모습을 지켜보며 아이가 한 글자 한 글자 적어 내려갈 때마다 "외롭다"라는 글자를 읽는다.

별이는 별다른 표현을 하지 않는다. 그저 엄마에게 사랑의 편지를 전하고, 그림을 그리고, 만들기를 한다. 별이가 좋아하는 놀이다. 자신의 생각을 색연필로 나타내고, 종이나 다양한 재료를 활용해 구성하기를 즐긴다. 오늘도 별이는 자신이 좋아하는 놀이를 하고 있는 것이다.

그런데 나는 왜 그 모습에서 '외로움'을 읽어내고 있는 것일까? 별이의 혼자놀이가 문제일까? 나에게 묻는다. 내가 조바심을 내고 있는 건 아닐까? 내 고정관념 아닐까?

하지만 나는 별이의 놀이에서 재미, 즐거움 또는 몰입을 읽어내지 못했고, 별이가 친구들에게 다가가지도 친구들이 별이에게 다가오지도 않는다는 것이 눈에 띌 뿐이다. 놀이지원을 한다고 놀이에 초대하거나, 놀이를 제안해 보기도 하고, 함께 놀이에 들어가 보기도 했지만, 놀이 지속시간이 길지 않고, 금세 빠져나오기 일쑤였다. 어떻게 지원해야 할까 고민이 깊어 간다.

그런 별이가 어느 날 등원거부를 한다.
'그래, 올 것이 왔다. 네가 그동안 힘들었던 게 맞구나. 그 표현을 아직은 내게 하기 어려웠구나. 우리에게 시간이 더 필요했구나. 그래도 고맙다. 엄마에게, 아빠에게라도 표현해줘서 정말 고맙다.'

"달이는 하늘이랑 친하고, 바다 언니는 나무 언니랑 친해."
별이 마음속에는 친구들이랑 놀이하고 싶은 마음이 가득한데 자신의 자리가 없다고 느껴졌고, 거절의 두려움으로 다가가기가 어려웠던 것이다. 그럼에도 별이는 스스로 해야 할 것들을 찾고, 용기 내어 하고 싶은 것에 도전하고 놀이하며 지내온 것이다.

별이의 유치원 생활에 대해, 교사가 보고 느끼고 생각한 것에 대해 별이 어머님과 함께 나눴다. 너무나 소중한 내 아이의 힘듦과 마주했을 때 부모의 가슴이 얼마나 무너져 내릴지, 이야기를 전하며 나도 눈물이 흘렀다. 지금 아이에게 필요한 건 별이를 둘러싸고 있는 우리의 사랑과 관심, 지지, 격려라는 것을 우리 모두가 알고, 우리가 함께 해 나가야 할 일이라는 것을 절실히 느끼기에 우리는 서로의 이야기에 귀 기울이고, 느끼고, 생각했다. 그리고 각자 자신들이 할 수 있는, 해야 할 일들을 해갔다.

> 나의 다짐
> 1학기엔 잘 지내왔다고 생각했던 별이이게, 여름방학 후 오랜만에 친구들을 만나고 새로운 담임선생님을 마주하는 것은 다소 어색하고 낯선 시선으로 다가왔을 것이다. 우리 생김새가 다르듯 삶을 살아가고 느끼고 표현하는 방식이 다양하고, 속도 또한 다를 것이다. 그런 별이의 마음과 속도를 존중하자. 별이에 대한 관심을 아끼지 말 것.
> 별이를 궁금해하고, 관심 갖고, 응원하고, 그 아이의 놀이를 지원하고 정서적으로 지지해줄 것.

친구들이 사방치기 놀이를 한다. 별이가 다가가 바라본다. 한 친구가 "할 거야?" 하고 묻는다. 별이가 고개를 끄덕이며 대답한다. 서로 새로운 놀이 방법을 제안해보기도 하고, 직접 시도해보기도 하며 즐겁게 놀이한다. 별이가 용기를 내고 다시 용기를 얻은 순간이 아니었을까?

긍정의 경험이 쌓여갈수록 별이의 표정이 밝아진다. 등원하는 아이의 발걸음이 가볍다.

두 달쯤 지나 다시 부모님과 깊은 상담을 나눌 기회가 생겼다. 아버님께서 조심스레 핸드폰 영상을 보여주신다. 영상 속 별이가 씨크릿 쥬쥬 음악에 맞춰 신나게 춤을 춘다. 어느 때보다 밝고 환한 미소를 짓고 있다.

그 모습을 보자 왈칵 눈물이 쏟아졌다. 왜일까?
속상함 때문일까? 미안함 때문일까? 유치원에서도 잘 지내고 있는데, 그냥 눈물이 흘렀다.
'이렇게 밝은 아이였구나, 이토록 빛나는 아이였구나.'
어쩌면 유치원과 집에서의 다른 모습은 아이의 사회생활을 보여주는 단면일지도 모르겠다는 생각이 들었다. 나는 그 모습을 존중해 주어야 한다. 아이가 그렇게 하는 것이 편할 테니까(아이가 그렇게 하고 싶은 거니까) 그리고 별이를 궁금해하며 기다려줄 것이다.

친구와 함께하는 즐거움을 아는 아이, 내 마음을 씩씩하게 표현할 줄 아는 아이, 기쁘면 웃고, 속상하면 시무룩한 아이,
별이에게 고맙다.

따스한 햇살과 시원한 그늘로 별이를 따스하게 안아주고 지지해 준 별이 부모님에게도 감사하다.

별아, 오늘도 폴짝폴짝 뛰며 활짝 웃는 너를 응원한다.

[고마움-공동체]

받기만 했던 한 해, 줄 수 있었던 한 해

교사 **육형준**

유기홍 국회 교육위원장이 코로나19 상황에서 최선을 다한 분들을 선정하여 드리는 희망교육대상을 우리 세종시 두루유치원이 받게 되어, 전달하고 축하했습니다. 상 받을 만한 훌륭한 분들이 많지만 그분들을 대신해서 받는다고 생각해 주실 것으로 믿습니다.

두루유치원 공동체는 코로나19 상황에서 자율적으로 교육과정을 다시 짜고 수업 방식을 바꾸면서 유아들의 건강과 학습권을 동시에 지키는 모범을 보였고, 그 사례를 전국 유치원 선생님들과 나누기까지 했습니다.

한마음으로 기뻐하며 상을 받고 서로를 칭찬하는 모습을 보며 행복합니다.

또 든든합니다.
-세종특별자치시 교육감 최교진 facebook에서-

    2019년, 내 아이가 두루유치원에 입학해 행복한 다섯 살 인생을 보내는 것에 학부모인 아빠로서 참 행복하고 두루유치원 선생님들께 감사한 한 해였습니다.
    2020년, 그 감사한 마음을 보답할 기회였는지, 코로나19라는 위기 상황에서 두루유치원 선생님들과 머리와 마음을 맞대고 다양한 교육활동과 가정 지원 방법을 모색하고 실행하며 한 해를 함께 보냈습니다.
    우리가 고민하며 하나씩 풀어나간 방법들이 아이들과 학부모님들의 마음에 조금이나마 안정감이 들게 하며 얼굴에 웃음을 짓게 했고, 우리 교사들도 그런 학부모님들의 긍정적인 피드백에 힘을 얻어 더 큰 교육실천의 나눔도 할 수 있었던 한 해였습니다.

    그렇게 마음 졸이던 1년을 마무리하며 우리 안에서 서로의 노력과 수고에 충분한 박수를 보냈고, 학기말 학부모님들의 과찬에 또 한 번 감사로 학기를 마무리 지었는데, 이렇게 방학 중에 교육청으로 불러내 상까지 주시니 우리에게 더욱 잊히지 않을 한 해가 된 것 같습니다.

'두루유치원 학부모'로 받기만 해도 참 좋았던 한 해였는데
'두루유치원 선생님'으로 줄 수 있어 더 감사한 한 해였습니다.

[고마움-공동체]

나를 좋은 사람으로 만들어주는 사람들에게

교사 **한지은**

삶을 시작하는 순간부터 마무리에 이르기까지 우리는 나 외의 누군가와 끊임없이 상호작용하고 서로에게 기대어 감을 반복한다. 혼자 잘 먹고 잘살면 편하고 좋을 텐데, 왜 우리는 나 외의 누군가가 필요한 걸까? 내가 아닌 너는 나에게 어떤 의미로 다가오고 마음 저편에 무엇으로 남아있기에 갈등과 회복을 반복하면서도 '우리'라는 울타리를 끊임없이 만들어가는 걸까? 당연히 존재할 거라고만 느꼈던 '우리'에 대해 의문을 제기하자 단단한 울타리는 점점 엷어지고, '우리'라는 연대를 만들고 지켜내기 위해 못질을 하며 고군분투하는 각각의 개인이 눈에 보이기 시작했다.

나를 이루고 있는 '우리'는 작게는 나와 너에게서 시작해 나와 가족으로, 나와 친구로 발전해가며 더 나아가 직장, 지역, 나라, 세계로 확장된다. 그리고 각자 저마다 수많은 울타리 속을 부리나

케 뛰어다니며 적합한 역할을 수행하고자 부단히 애를 쓴다. 소위 공동체를 만들어가기 위함이라고도 할 수 있겠다. 나 또한 매일 부단히 애쓰며 살아가는 사람으로서 경험한, 이상하지만 매력 있는, 유별나지만 특별한 '우리' 두루유치원 공동체를 소개해보려 한다. 두루유치원 내부에도 많은 공동체가 있는데, 이 글에서 주목하고 싶은 공동체는 교사와 원감, 원장선생님이 함께하는 '교원 공동체'다.(이후 '공동체'란 '교원 공동체'를 함의한다.)

이 공동체는 참 이상하다. 그저 관심이 더 필요한 다른 반 어린이일 수 있는데, 사방에서 어떻게 도와주면 좋을지 고민하고 그 어린이의 마음에 대해 자기 일처럼 진지하게 대화한다. 게다가 협력 수업의 형태까지 모색하며 어린이와 선생님을 함께 지원한다. 이런 어린이가 복도를 다닐 때도 급식을 먹을 때도 모두가 지켜보고 있어 마치 1명의 선생님이 아닌 10명의 선생님이 함께 그 어린이를 돌보고 있는 느낌이 든다.

그리고 이 공동체는 참 유별나다. 고생을 사서 한다. 각자에게 일괄적으로 업무를 떠넘기면 힘들지 않을 텐데, 몇 명의 부장 선생님이 전체 업무를 총괄하면서 팀으로 업무를 운영하며, 하나도 맡기 힘든 업무를 '업무지원팀'이라는 이름으로 몇 개 이상을 맡으면서 선생님들을 최선을 다해 지원해준다. 게다가 관리자가 일방적으로 결정하면 빨리 끝날 수 있는 일들도 모든 구성원의 의견을 물으면서 생각을 조율하고 방향을 맞추어 나가기까지 한다.

이상하고 유별난 두루유치원. 앞에서 말한 이 공동체의 특징은 두루유치원을 경험하지 못한 낯선 이의 시선에서 적은 느낌이다. 개인주의적인 가치관에서는 고생을 사서 하고 다른 사람의 일을 나의 일처럼 돕는 사람들이 이상하게 비칠 만도 하다. 두루유치원에 처음 왔을 때는 이러한 공동체의 모습이 낯설었으며, 대체 이 사람들에게는 어떤 마음이 자리 잡혀 있기에 이토록 서로를 위해 애쓰고 노력하는지 궁금하기도 했다. '그저 지나가는 사람과 지나가는 나의 직장일 수도 있지 않나?' 하며 물음표가 떠오를 때쯤 신선한 충격의 경험이 나를 사로잡았다.

　때는 학기가 한창 바쁠 9월쯤, 혁신자치학교인 두루유치원에서는 교육과정 실천을 공유하고 유치원 교사의 전문성 신장을 지원하기 위해 전국포럼인 '온두루학교' 준비가 한창이었다. 그래서 미래 교육-혁신교육-책임교육을 지표로 모든 선생님은 자신이 맡은 발표, 미니강연, 영상을 위해 깊은 고민과 시름의 나날을 보내고 있었다. 나 또한 공간의 교육적 가치를 담기 위한 영상을 제작 중이었는데, 어디서부터 시작하며 담고 싶은 걸 어떻게 표현해야 할지 갈피가 잡히지 않았다. 생각하고 고민할수록 끝없는 미로에 갇힌 것처럼 답이 없고 막막하기만 했다. '하지만 어쩌겠나, 내가 맡은 일인데 내가 해야지.' 하는 마음으로 다시 일에 매달려보다가 도저히 안 되겠기에 동료 팀원들에게 영상을 보여주고 어떤지 물어봤다. 팀원들은 열심히 나의 영상을 살펴봤고 진심 어린 조언도 해주었다. 하지만 문제는 나였다. 여러 사람의 조언이 얽히고 설켜서 전혀 정리되지 않아 헤어나올 수 없는 미궁에 갇힌 기분마저 들었다. '에라 모르겠다. 그만 하자' 하며 하던 걸 모두 멈추고 집으로 돌아왔는데, 한 통의 동영상이 도착했다. 10분 남짓한 영상으로, 동영상의 주인공은 동료 선생님이었다.

"선생님, 내가 아까는 내 일 생각으로 솔직하게 집중해서 대화하지 못한 거 같아. 내가 생각하는 공간과 교육, 공간과 어린이에 대해 이야기해 볼게. (중략)"

퇴근길의 내 표정에는 근심과 걱정이 가득했는데, 동료 선생님이 이를 외면하지 않고 퇴근 후 따로 나를 위한 영상을 만들어 보낸 것이다. 동영상을 열고서 10분의 시간은 60초처럼 흐른 듯했다. 그 순간 나는 세상의 그 누구보다도 집중했고, 마법처럼 내 생각은 받아들임과 정리라는 것을 시작했다. 사실, 퇴근 후까지 이렇게 고민해주지 않아도 되는데, 그리고 굉장히 번거로운 일인데… 이렇게까지 해주는 동료 선생님의 자세가 처음엔 충격이었고, 그 후엔 나의 마음이 티끌 하나 없는 감사함으로 가득 찼다.

이런 일도 있었다. 3일간의 대장정, 자유와 책임의 결정체인 '온두루학교'를 무사히 마치고 과정을 돌아보는 평가회를 했다. 홀가분한 마음과 해냈다는 자부심으로 벅차 있을 때 온두루학교를 주관했던 선생님께서 머뭇거리시더니 운을 띄웠다.

"선생님들이 온두루학교를 준비하면서 분명히 힘들었을 텐데,

모두 자기가 맡은 무엇인가를 위해 열심히 하는 모습이 고맙기도 했지만, 한편으로는 하고 싶은 말이 있는데 스스로 묵살하고 참고 있는 건 아닌지 걱정됐어. 벌거벗은 임금님이 아닐까 하는 생각이 들어서…."

다시금 충격이었다. 사실 그런 생각을 전혀 해본 적이 없었기에 더 충격적이었다. 온두루학교 과정이 힘들긴 했지만, 모두가 협의 끝에 동의한 일이기에 나의 역할과 책임이 있는 것으로 생각했고, 그 과정에서 겪는 고민과 갈등도 나의 길을 밝혀가는 성장통으로 여겼다. 그런데 모든 게 완벽하게 끝난 이 시점에서 함께 고생했을 동료가 축배를 드는 것이 아닌 자아 성찰을 하는 것이 아닌가? 분명히 고생은 같이 했는데, 그 바쁘고 힘든 와중에 동료 선생님들은 공동체에 대한 책임감으로 우리 공동체가 건강한 상태인지 계속 들여다보고 고민하며 성찰하고 있었다. 7년간 경험하면서 겪지 못한 순간이기에, 어떤 마음에서 그런 이야기를 했는지 물어보았다.

"그런 생각이 들더라. 하고 싶은 말이 있는데 혹시 못하고 있는 건 아닐까? 협력하고 설득하는 과정에서 선생님들이 상처받고 있지는 않을까… (중략) 많은 생각이 있긴 하지만, 나는 두루유치원 공동체가 구성원이 바뀌어도 지금 품은 가치와 힘을 잃지 않으면 좋겠어. 그만큼 나는 애정이 있나 봐. 두루유치원에."

애정이었다. 이상하고 유별한 두루유치원의 모습을 단번에 설명하고 서로를 위해 애써온 시간을 모두 담아 표현할 수 있는 단 하나의 단어. 내가 좋아하고 아끼기에 나와 함께하는 동료의 어려움을 덜어주고 싶은 것이었고, 공동체의 모든 구성원이 '두루유치원'이란 공간에서 일하는 순간이 행복하길 바라기에 서로에게 좋은 사람, 좋은 교사가 되어주고자 부단히 애쓰고 있었던 것이다. 그 순간 두루유치원에 처음 왔을 때 경험할 수 없었던 무엇인가가 마음속에 새겨지기 시작했다. 따뜻하면서 든든했고, 뭉클하면서도 무거웠던, 하나로 단언할 수 없는 복합적인 감정이었다.

그 마음은 존경이었을까 아니면 애정이었을까? 지금도 명확하게 답을 내릴 수 없지만, 그때 깨달은 것은 어른이라고 부를 수 있는 멋진 동료들을 만난 것에 감사하는 마음과, 지금의 공동체에서 느낀 경험과 감정이 나를 더 좋은 사람이 될 수 있도록 이끌어주리라는 믿음이었다. 마음의 문 중 하나가 활짝 열린 것처럼 처음에는 단순한 직장의 구성원에서 시작했지만, 멋진 동료들과 소통하고 감명받으면서 나는 우리라고 자신 있게 부를 수 있는 두루유치원 '공동체'의 진짜 일원이 되어갔다.

하지만 아름다운 공동체를 만들어가고 건강하게 신뢰를 유지해 가는 것은 절대 쉬운 일이 아니다. 각자 생각이 다르고 개별성이 존재하기에 공동체는 작은 사건 하나에도 갈등을 빚고 그 갈등으로 수없이 마음이 흔들린다. 흔들리지 않고 피는 꽃이 어디 있으랴 외칠 수 있지만, 흔들리고 꺾이면서도 줄기를 곧게 세운 꽃

이어야 가능한 이야기다. 우리는 서로에 의해 흔들리고 영향을 받는 공동체에 놓여 있기에 함께 아름다운 꽃을 피워가려면 내 마음과 같지 않거나 신뢰가 깨지더라도 그 간극을 좁히기 위한 노력을 끊임없이 해야 한다는 생각이 들었다. 신뢰와 불신이라는 이분법적인 기준에 갇혀 '사이'에 머무는 개인의 마음을 살피지 못한다면 훗날 삶을 돌아봤을 때 후회만 남을 것 같았다. 과연 나는 그러한 노력을 하고 있었을까? 내 마음에 갇혀 다른 사람을 바라보지 못하고 있었던 건 아닐까? 내 마음이 상대방에게 전달되도록 표현하고 있었을까? 앞서 충격적인 인상을 심어주었던 동료들을 떠올려 보며 나 또한 어떤 사람이었는지 다시 한 번 돌아보게 되었다.

그러자 나를 지탱하고 있는 공동체에 감사한 마음이 들었다. 하루에도 많은 일에 시달려 정신이 없을 텐데도 어려운 일이 있으면 함께 나서는 동료들이, 어린이와의 만남이 인연으로 맺어져 좋은 교사가 되기 위해 고군분투하는 동지들이, 갈등과 회복을 반복하며 끊임없이 신뢰를 만들어가는 좋은 사람들이 내 옆에 있어서 고마웠고, 함께여서 행복하다. 나 또한 스스로가 공동체에 필요한 존재였는지 끊임없이 돌아보며 확신보다는 반성이 앞서지만, 앞으로 우리 공동체에 고마운 존재가 되길 소망하면서 나를 좋은 사람으로 만들어주는 사람들에게 거듭 진심 어린 감사를 전한다. 고마워요! 나를 지탱해주는 소중한 두루 공동체!

나눔

무엇을 나눌지보다 어떻게 나눌지가 더 중요하다.

내 장난감을 친구와 나누어 놀았다.
친구가 슬플 때 안아주었다.
친구가 만든 걸 보고 멋지다고 말해주었다.
친구가 어려워하는 종이접기를 해주었다.
친구를 기다려주었다.
꾹 참고 친구에게 친절하게 말했다.
혼자 외롭게 노는 친구에게 함께 놀자고 말해주었다.
물건을 나누는 것도 좋지만 그걸 하기 위한 마음이 중요하다.
내 마음의 크기가 커지기 위해…

[나눔-나(교사)]

#나눠 받음
#너와_내가_얽혀감

교사 김희은

사랑을 받은 사람이 해볼 줄도 안다고, 내가 뭔가를 나눠줄 수 있는 사람인가 생각해볼 때 '먼저 나는 무엇을 나누어 받았나' 하는 생각이 든다. 마치 작은 종이컵을 들고 폭포수 아래에서 물을 받기 위해 서 있는 것처럼, 인생에서 정말 많은 사람에게 동시에 나눔을 받았던 때를 떠올리면 제일 먼저 두루유치원이 생각난다. 그렇다고 특정 인물에게만 나눔 받았다고 여겨지진 않는다. 그것은 누구 한 명이 아닌 '공동'에게서이고, 우리의 '문화'에게서이다. 그럼 무엇을 나눔 받았나 돌아보면, 구체적인 물질보다 나의 역량에 대해 나눔을 받은 것이 생각난다. 그것은 눈에 보이지는 않지만 '나'라는 존재에서 실현되었고 구성되어가고 있다.

제일 먼저 떠오르는 것은 생각하는 힘이다. 어쩌면 틀에 정해진 것들, 이미 해오던 것들이 가장 안전하게 여겨지는 곳이 학교일 터다. 했던 것을 그대로 하는 것만큼 경험 없는 사람에게 편한 것이 없다. 책임지기는 두렵고, 어떻게 해야 할지 모르는 상황에서 이미 이렇게 했다는 전례는 달콤하기까지 하다. 하지만 두루유치원에서는 모두의 의견과 생각을 듣다 보니 비판적이고 반성적으로 생각하는 누군가가 있다. 그리고 누군가의 생각에 대해 어떤 것이 최선일지 결정하는 것은 모두의 일이라는 문화가 있다. 그 속에서 나는 내 의견을 표현하기 위해 계속해서 생각해야 한다.

 치열하게 사고하고 고민하는 점이 나눔 받은 것이라는 점에 동의하기 어려울 수도 있다. 하지만 사유하는 것이 인간의 특징이라 했던가. 선생님으로서, 사람으로서 내가 성장하고 있다는 자부심은 행복하게 살아가는 데 필수 요소다. 그렇기에 말하고 표현해야 하는 책임감이 개인에게 너무 무겁게 다가오지 않도록 마음의 여유를 함께 줄 수 있는 그 문화가 바로 나눔을 받은 것이라고 말하고 싶다. 그 문화가 가능한 것은 무엇보다 이미 모두가 그 책임감을 나눠 가지고 있기 때문일 것이고, 둘째로 두루유치원 박지현 선생님의 말처럼 서로가 서로의 성장에 대해 함께 고민하고 있기 때문이다.

 다음으로 나눠 받은 것으로 생각하는 것은 철학의 가치에 대해 사고하며 체험해 볼 기회다. '잘 산다는 것은 무엇일까?' '어린이라는 존재는 무엇일까?' '나는 어떤 철학을 바탕으로 살아가나?'

등등, 선생님들과 함께 나는 끊임없이 사고를 즐긴다. 사고하는 것에서 멈추는 게 아니라, 고민을 거쳐 결심한 것들을 실천하고 온몸으로 체험하며 삶으로 확인하기도 한다. 2021년 올해에는 선생님들과 혼합연령반으로 운영하면서 개별 아이들을 들여다보자며 또 치열하게 고민하고 궁리했다. 그렇게 선생님들과 고민하며 나누었던 교육에 대한 철학과 두루유치원 교육과정은 2021년 내내 선생님으로서 개별 아이들을 들여다보는 교육을 하는지 매 순간 돌아보는 기준이 되었고, 내 행동의 방향타가 되어주었다. 어떻게 하면 개별로 효율적으로 기록할 수 있을지, 어떤 공간에서 아이들이 자신들의 생각을 한계 없이 펼쳐나갈 수 있을지, 학부모님들과는 개별 아이의 성장을 어떻게 공유하면 좋을지 등등을 끊임없이 궁리하며 실천해보았다.

'다른 업무에 치여서', 혹은 '조직문화가 나와 맞지 않아서' 등의 다른 고민과 이유들로 철학을 실천해볼 수 없을지도 모른다. 하지만 실천해보았다는 것은 내가 실천해볼 동기를 얻을 수 있고 실천해볼 기회와 여건이 있기 때문이다. 또 실천에서 스스로에 대한 확신이 없을 때 다른 선생님과 언제든지 실천에 대해 돌아볼 수 있었다. 새로운 경험에 대한 불안은 늘 있게 마련이지만, 일단 도전해볼 수 있다는 것은 그냥 망해도 든든하게 도와줄 수 있는 사람들이 있다는 생각이 들어서일 거다. 내가 내 자치력을 바탕으로 교육활동을 하는 것을 지지해주는 관리자가 있어서이기도 하다.

그리고 두루유치원의 직원들을 포함한 모든 공동체가 아이들과 선생님의 자치력을 존중해주기 때문이기도 하다.

우리가 함께 나눠 가지고 있는 것도 있다. 어떤 필요와 도움을 주고받는다는 개념보다는 공동 목표를 위해 서로가 나눠 짊어지고 있는 것이다. 아이들과의 관계가 특히 그렇게 느껴진다. "선생님, 오늘 바깥놀이터에 가고 싶은데 어떻게 해요?" 코로나 19로 인해 다른 반과 겹치는 동선을 줄이기 위해 바깥놀이터 시간표가 정해지면서 아이들이 선생님에게 질문한다. "그러게. 선생님은 너희와 함께 가고 싶은데 우리 반이 노는 시간은 아니야. 어떻게 하면 좋을까?" 언제부턴가 해결해줄 수 없는 것으로 인한 스트레스는 적어진다. 해결하기 어려운 상황에서 나는 아이들에게 우리가 이런 상황이라는 점을 설명해주고 입버릇처럼 어떻게 하면 좋을지 물어본다. 아이들은 지혜롭게 판결을 내리는 솔로몬같이 "다른 반에게 바꿔줄 수 있는지 한번 물어봐요. 안된다고 하면 어쩔 수 없죠."라며 스스로 방법을 찾아간다.

나눠 가진다는 것은 때로는 내 권리를 놓치게 되는 것 같아서 두려움이 먼저 드는 때도 있다. 내가 뭔가를 나눠주는 것이 나에게 불리한 것 같을 때 말이다. 하지만 나눠줄 때 내 권한이라고 생각했던 것에는 1+1상품처럼 책임감도 나눠 갖게 된다. 나 혼자서 끙끙 머리 싸매고 매달리던 고민이 아이들과 한순간에 풀리는 상황처럼 내 무거움은 반으로 덜어진다. 사실 그러면서 아이들의 존재가 더 뚜렷하게 보이기 시작한다. 내가 돌봐야 하는 대상만이 아니라 나와 함께 옆에 서서 우리 반을 만들어가는 존재로 말이다. 1년이라는 긴 마라톤에서 아이들이 지치지 않는 든든한 동반자가 되어주는 게 신기하다.

두루유치원 공동체들이 정말 많은 것을 나누어주었는데, 또 생각해보면 그 나눠준 것들은 그들이 개인적으로 가지고 있던 것들이다. 각 개인이 지닌 장점과 특징들이 다른 사람에게는 보완점이 되고 필요한 요소들이었으며, 그렇게 우리는 서로 다르지만 서로 필요하다는 것을 느낀다. 나조차도 그렇다. 선생님들은 내가 빠르다고들 하시지만 그 빠름으로 인해 무척 덤벙대고 실수가 잦다. 천천히 진행하지만 꼼꼼하고 세심하게 살펴주는 선생님들이 곁에 있어 다행이라는 생각이 자주 든다. 나눔을 주고받는 과정이 문화를 전수받는 과정만이 아니라 나라는 존재와 너라는 존재가 복합적으로 얽혀가며 변해가는 과정임을 느낀다. 그 과정들은 어제 다르고, 오늘 다르고, 내일이 달라 역동적이기도 하다. 그렇기에 한 명도 빠짐없이 우리는 모두가 서로에게 필요하다.

매 순간 서로에게 영향을 주고받으며 나눠 갖지만, 그것이 가장 많이 이루어지는 장은 바로 전문적학습공동체다. 서로에게 나눔을 주고받을 수 있는 장이 시스템으로 갖춰진 것은 중요한 것 같다. 우리가 어떤 유행에 따르지 않고 가치를 찾을 수 있도록 중

#나눠 받음 #너와_내가_얽혀감

심을 잡아주는 기회가 되기도 하고, 서로가 서로에게 다시 관심을 가질 기회가 되기도 하다. 잠시 기분이 좋았다가 시들어 버리는, 휘발성 있는 관계가 아니라 우리의 공공성에 대해 함께 경험하고 책임질 수 있는 시스템이다.

12월이 되면서 각 반의 환경들이 반짝반짝 빛나기 시작했다. 말 그대로 눈에 보이는 반짝임이다. 유치원 곳곳에서 여러 종류의 전구들이 때로는 한 색깔로, 때로는 여러 빛깔을 뽐내며 빛나고 있다. 12월이 되면서 특히나 연말 분위기를 온몸으로 느끼며 크리스마스 캐럴을 입에 흥얼거리게 된다. 아이들과 하루하루 한 해를 돌아보면서 내가 무엇을 나눠 받았는지 돌아보았다. 두루유치원의 온 공동체에게서 나눔 받은 것들을 또 어떻게 나눠주고 싶은지 자연히 떠올리게 된다. 나 스스로 좋은 사람이 되며 내 온 존재로 선한 여러 가지를 나누어 주고 싶다. 우리가 얽혀가며 만드는 그 나눔들의 결과가 또 선하기를 바라면서 말이다.

[나눔-어린이]

당신의 첫 자전거는 누구와 함께였나요?

교사 **박지현**

　오전에 교실이나 복도 한쪽 소파에 누워있는 모습을 자주 본 것 같다. 언젠가 교실 한가운데 누워서 다른 친구들을 쳐다보는 것 같기도 하고 선혀 관심 없어 보이기도 한 눈빛을 보았다. 그 눈빛이 궁금해서 오로라반 담임 선생님에게 5세 민호에 대해 이것저것 물어본 기억이 난다. "친구들과는 잘 지내요? 주로 많이 누워있는 모습을 본 것 같아요. 돌봄 교실 누나들이랑 손잡고 다니는 건 종종 본 것 같은데…." 걱정보다는, 통통한 볼살이 귀여운 민호가 까르르 소리 내어 환하게 웃는 얼굴을 한 번쯤 보고 싶었던, 그런 가벼운 마음이었던 것 같다. '녀석, 개구쟁이 같은데 무척 얌전하네.' 장난기 많고 짓궂은 어린이들이 유난히 재밌고, 관심 두게 되던 나는 실망 아닌 실망감으로 그렇게 민호의 첫인상을 기억에 담았다.

한 해가 지나고 민호가 6세가 되어 나와 1년을 같은 반에서 지내게 되었을 때, 무척 반가웠다. 생판 처음 만나는 것도 아니거니와 나름 애정 어린 관심을 기울이던 어린이와 같은 반이 되니 자연스럽게 알고 있었던 친구처럼 가깝게 느껴졌다.

하지만 3월이 지나고 4월이 지나도록 민호는 나에게 먼저 인사나 말을 건네는 경우가 없었다. 복도 저 멀리서 교실 쪽으로 걸어오는 모습을 발견하면 누구보다 반갑게 "와! 민호야, 어서 와~" 하며 양팔을 벌리면('어서 달려와서 선생님 품에 안기렴.' 하는 무언의 표시로) 내 얼굴을 빤히 쳐다보고는 교실로 쑥 들어가 버리기 일쑤, 난 펼쳤던 양팔을 무안해하며 괜히 "하하! 민호야, 장난치는 거야?" 하고 소리 내서 괜스레 웃는 날이 많았다.

'나만 아이와 가까워지고 싶어 하는 걸까?', '아이와 나 사이의 거리를 좁힐 방법은 없을까? 아냐… 민호가 나와 친해지고 싶어 할 때까지 기다려 주는 게 필요하진 않을까?'

꽤 오랜 날 동안 많은 생각과 질문을 했다. 민호와 나의 관계가 쉽게 발전할 것 같지 않아 조바심이 날 때, 작년 담임 선생님이 해준 말이 작은 위안이 되기도 했다.

"민호는 저도 친해지는 데까지 시간이 꽤 걸렸어요."

놀이터에 나가면 주로 모래놀이를 해솔이와 자주 하던 민호가 아이들이 탈 수 있는 자전거(보조 바퀴가 양쪽에 달려있어서 아이들은 네발 자전거라고 부름)에 관심을 보이기 시작한 건 벚꽃이 다 떨어지고 벚나무에 초록 잎사귀가 빼곡히 돋아났을 무렵이다.

처음엔 자전거에 관심을 두고 있는 줄 몰랐는데, 늘 놀이터에 나가면 모래놀이터로 직진하던 아이가 자전거용 헬멧을 계속 만지작만지작하며 날 쳐다보았다. "헬멧 쓰려고? 헬멧 쓰고 자전거 한 번 타볼 거야?" 별 기대 없이 물어보았는데 민호가 "응"이라고 자신 있게 답해, 놀라며 얼른 임자 없는 자전거 한 대를 가져와서 민호가 탈 수 있게 앞에 세워주었다. 하지만 세워진 자전거를 한참 쳐다보더니 머리에 쓴 헬멧만 연신 만지작만지작. "민호야 어서 타봐." 헬멧을 쓴 채 그날은 그렇게 자전거 손잡이만 몇 번 잡아보고 타지 않았다.

봄꽃이 지천으로 피던 5월 어느 날, 놀이터에서 그날도 민호는 자전거 페달에 발을 올리고 페달을 구르기 위해 안간힘을 쓰고 있다. 놀이터에 나가면 민호는 헬멧 하나를 주저 없이 선택해 머리에 단단히 눌러 쓰고 버클을 잠근 후 탈 수 있는 자전거를 찾는다. 자전거 안장 위에 자신 있게 올라탄 뒤 민호는 페달을 한 바퀴 돌리는 것에 온갖 에너지를 쏟아낸다. 그러다 보면 어느새 한 시간 남짓한 바깥놀이 시간이 다 지나가기 일쑤였다. "민호야, 이쪽 발에 힘을 주고 밟는다고 생각해봐. 이렇게.(페달을 밟는 시늉을 하며)"
"민호야, 선생님이 타는 거 볼래? 자, 오른발 왼발 한 발씩 아래쪽으로 세게 누르듯이 밟으면 이렇게 두 발이 저절로 돌아가." 어떻게든 도와주고 싶은 마음이 간절해졌다. 마치 인디언들의 기우제처럼(인디언들이 기우제를 지내면 반드시 비가 내리는데, 그 까닭은 비가 내릴 때까지 계속 기우제를 지냈기 때문이라는 이야기처럼) 민호가 '혼자 힘으로 이 자전거를 결국은 탈 수 있어. 난!' 하고 온몸으로 강한 의지를 표현하고 있는 것이 느껴져서였다. 다른 아이들처럼 "저 도와주세요, 혼자서는 못 하겠어요." 하는 말이 없으니 이 아이의 자전거 타기는 더욱 절실해 보이기도 했고, 또 한편으론 '어떻게 도와주어야 자전거를 타는 그 어려운 과정을 잘 배워서 자신의 힘으로 성공했다는 기쁨을 느낄 수 있을까?' 하며 고민했던 것 같다.

 민호의 자전거 타기를 지켜보고 있던 건 나 혼자가 아니었다. 우리 반 어린이들(우리 반은 5, 6, 7세 18명이 함께 지낸다.) 중 늘 민호와 모래놀이를 즐겨하던 해솔이는 "민호! 오늘도 자전거 타게? 나랑 모래놀이는 언제 할 거야? 민호! 나도 자전거 같이 탈까?"라며 늘 모래놀이를 함께 해주던 친구가 자전거 타기에 몰두하고 있으니 조금은 서운한 마음에 자기랑은 안 놀 거냐며 푸념을 늘어놓다가도 금세 "함께 해줄까?"라고 묻는다.

 그리고 이미 놀이터에서 자전거를 쌩쌩 타고 신나게 달리는 것이 일상이었던 일곱 살 성혁이, 준석이 형과 여섯 살 기범이는 거의 한 달 넘게 움직이지 않는 자전거 위에서 페달을 밟아 돌려보려고 안간힘을 쓰고 있는 민호를 달리는 자전거에서 힐끗힐끗 보며 지나갔다.

　작년 돌봄교실에서도 가끔 누나들 손을 잡고 여기저기 구경 다녔던 민호는 평소에도 무얼 할까 고민하는 얼굴을 하고 있으면 일곱 살 누나들이나 동갑 여자 친구가 곧잘 "민호야, 뭐 할지 생각하고 있는 거야?"라며 알아 채줬었다. 페달 밟아서 한 바퀴 굴리는 것에 한 달째 온 정성을 기울이고 있는 민호를 당연히 모를 리 없었다. 다만, 민호의 허락 없이는 도움 주는 것을 망설이는 것처럼 우리 반 여자 친구들은 조심하고 있는 듯이 보였다.

　놀이터에서 놀다 보면 제법 햇볕이 따가워 눈을 저절로 찌푸리게 되고 수돗물도 미지근하게 느껴지는 6월쯤 아이들은 어느새 조금씩 민호의 자전거 곁으로 모여든다. 어느 날은 다섯 살 동생들이 잔뜩 모여들어 "민호 오빠! 힘들어? 계속 연습하는 거야? 힘내."라는 말을 해주며 배시시 웃음을 남기고 가고, 또 어느 날은 놀이터에서 신나게 잡기놀이를 하면서도 민호를 힐끗힐끗 살피던 누나들이 다가와 조심스럽게 민호에게 말을 건넨다. "민호야, 여기 발을 이렇게 눌러봐, 여기(손으로 발을 잡아서 페달을 눌러주며)에 힘을 주면 돼", "나도 자전거 처음 탈 때 되게 어려웠는데 지금은 네 발 아니고 두 발 타. 그러니까 자~ 여기를 이렇게 눌러봐."(다시 손으로 발을 잡아 페달을 눌러준다.)

가장 흥미로운 아이들은 동갑 친구와 형들이었다. "야, 민호! 너 자전거 타보고 싶지?" 민호가 고개만 끄덕끄덕한다. "아, 그럼 우리가 태워줄게. 자, 꽉 잡아라." 하더니 왼쪽 핸들은 친구 기범이가, 오른쪽 핸들은 성혁이 형이, 안장 뒤쪽은 준석이 형이 잡고는 "자, 간다." 소리와 함께 자전거를 힘차게 밀었다. 페달 위 민호의 발은 그대로여도 자전거는 놀이터를 연신 두 바퀴 씽씽 돌았다. 그렇게 길게 느껴졌던 지난봄 온 힘으로 애만 쓰던 민호 얼굴에 유월의 햇살보다 더 밝고 쨍한 웃음이 한가득이다. 마스크 밖으로 "야아, 와아!" 하는 소리가 새어 나온다. 기범이와 성혁이 형, 준석이 형은 "민호야, 좋아?" 이런 질문 한 마디 하지 않고 민호 얼굴을 보더니 서로 까르르 웃다가 잠시 숨을 고른 뒤 자전거를 잡고 힘차게 다시 놀이터를 두 바퀴 씽씽 달린다.

　　아이들이 민호의 자전거 타기를 함께하는 모습을 보며, 무언가를 배우고 알아가는 과정이 참 귀한 것임을 다시 생각해보게 된다. 그 귀한 순간을 우리 반 어린이들은 형, 누나, 친구 모두 함께해서 나에겐 더 기억에 오래 남을 것 같다.

　　최근 몇 년간 동갑 친구끼리 구성된 학급에서 친구 사이에 말로 표현하긴 쉽지 않지만 미묘하게 생겨나는 그 팽팽한 긴장감과 경쟁을 지켜보며 생각이 많아졌던 과거의 내 모습도 문득 생각났다. 동갑 친구끼리도 양보와 배려, 이해와 공감은 가능한 것이었지만…. 우리에겐 노력이 꽤 많이 필요했고, 선생님인 나 역시 동료 선생님들과 많은 시간을 그 고민에 대해 서로 털어놓기도 했다. 동갑 친구들 사이에서 민호는 어쩌면 그렇게 긴 시간을 견디며 자전거 타기를 할 수 있었을까? 눈앞에서 자신보다 자전거를 잘 타는 많은 친구를 보며 어떤 생각을 하게 될까? 그런 생각도 해보게 된다.

다양한 나이와 차이를 서로 인정하는 것이 자연스러워진 우리 반에선 자전거를 잘 타는 것도, 어려워하며 못 타는 것도 잘하고 못함의 기준이 되지 않았던 덕분에 우리는 민호의 자전거 타기를 진심으로 기다려 줄 수 있었던 건 아닐까? 하는 생각도 해보며 학기 초를 떠올린다.

올해 형, 누나, 동생이 다 같이 한 반에서 1년 살이를 처음 시도하며, 주변의 기대와 우려의 시선을 동시에 느꼈다. 그래서 난 조금은 긴장하며 '올 한 해 잘 지내도록 많이 애써야지' 하고 다짐 해왔을지도 모르겠다.

민호의 자전거를 보며 '애쓰지 않아도 아이들은 이렇게 서로 잘 어우러지는 것을, 다양한 아이들이 함께 살아간다는 건 시냇물이 위에서 아래로 흘러내리는 것처럼 정말 자연스러운 일은 아닐까?'라는 생각을 하니, 애쓰느라 늘 긴장하고 있던 내 마음도 조금 가벼워졌다.

여름이 채 되기 전, 민호는 결국 자전거를 능숙하게 타게 되었다. 놀이터에 나가면 늘 그랬듯 제일 먼저 헬멧을 단단히 눌러 쓰고, 가장 맘에 드는 자전거를 골라 탄 후, 놀이터를 한 바퀴, 두 바퀴, 세 바퀴… 원하는 만큼 실컷 탄다. 어느 날은 친구, 형들과 자전거 타기 경주를 하기도 하고, 또 어느 날은 다섯 살 동생 시완이의 자전거 타기를 지켜보다가 그 주위를 뱅글뱅글 돌며 다른 아이들이 그랬던 것처럼 도움을 줄 적당한 타이밍을 기다리는 듯한 모습을 보이기도 한다.

나의 첫 자전거 타기는 "응, 아빠 뒤에서 잡고 있어."라는 마법 같은 거짓말과 몇 번이고 넘어지는 나에게 웃으며 "곧 타겠다."라고 하던 목소리 그리고 웃음으로 기억에 남아있다. 사계절이 돌고 돌아 민호가 유치원 시절을 더 이상 기억하지 못하는 때가 오더라도, 여섯 살 민호의 첫 자전거 타기가 어느 순간 문득 함께했던 친구들과의 아련한 추억 한 조각으로 남기를 소망한다. 당신의 첫 자전거는 누구와 함께였나요? 소중했을 그 순간을 한 번쯤 떠올려 보면 어떨까?

[나눔-공동체]

우리가 지나온 발자국을 돌아보며

교사 **이지영**

어느 겨울날 오후, 한적한 카페에 열 명 남짓한 사람들이 마주 앉아 환하게 웃고 있다. 한가로운 수다 삼매경일까 싶지만, 진지하게 그들의 한해살이를 나누고 있다. 두루유치원 아이들과 함께한 1년, 우리 반 아이들과 살아온 1년의 삶인 교육과정을 함께 돌아본다.

그로부터 한참의 시간이 지났음에도 내 마음속에는 아주 커다란 무언가가 자리 잡고 있다. 뭐라고 표현할 수 있을까? 어떤 단어도 딱 맞게 떠오르지 않는다. 하지만 분명한 것은, 참 의미 있는 시간이었다는 것이다.

대체 무엇이 그토록 의미 있게 다가온 것일까?

두루유치원 교사들은 반 아이들과 함께 살아가는 데 나침반이 되어줄 교육철학과 그것을 실천해 갈 방법을 구체적인 그림으로 그리며 아이들과 만난다. 그리고 세세한 교육과정 내용은 아이들과 함께 우리 삶에서 아이들의 놀이로 만들어 간다. 졸업을 한 달쯤 남긴 지금은 그 실천 내용을 평가한다.

나의 학급 교육과정의 핵심을 간략히 이야기하면, 아이들이 '나다움'을 찾아가고 '우리'라는 공동체성을 느끼며 함께 살아가는 행복을 느끼는 시간으로 채워가며, 존중과 귀 기울임, 소통, 다모임과 기록 등으로 유아를 지원하고 함께 교육과정을 만들어가겠다는 것이었다. 그것은 실천으로 이어졌고, 1년을 마무리할 즈음 우리는 '학급 교육과정을 어떻게 실행해 왔을까?', '우리 아이들은 나다움을 찾아가며 공동체성을 느끼고 발휘하고 있을까?', '아이들과 함께 만들어온 우리 반 교육과정은 어떤 모습을 띨까?', '어려운 점은 없었나?', '아쉬운 점은?', '다음 해에도 실천해보고 싶은 것은?' 등을 형식에 구애 없이, 각 반 교사들의 생각을 자유롭게 나누는 시간을 갖는다.

아이들이 각자 지닌 색깔만큼 다르듯, 각 반의 학급 교육과정과 그 실천의 이야기도 너무나 다양하고 흥미로웠다.

우리는 그 과정의 이야기들을 함께 나누고 공감하고 고뇌하고 응원하며 그 어떤 소설보다 큰 감동을 느꼈고, 끝까지 해나갈 수 있는 힘, 다시 시작할 수 있는 동기를 얻는 대단히 뜻깊은 시간을 보냈다.

이와 연속선상에서, 아이들은 우리 반 학급교육과정을 어떻게 느꼈을지 궁금해졌다. 나는 이를 유아 평가에 반영해보았다. 우리 반 아이들은 자신의 흥미, 관심, 요구에 따른 놀이를 자유롭게 마음껏 해보며 자신에 대해 알아가고 있는 것일까?(나다움) 함께하는 기쁨을 느끼며 살아가고 있을까?(공동체) 어떤 질문을 어떤 방법으로 해보는 것이 좋을까? 많은 고민 끝에 나온 질문이다.

1. (나다움을 찾아가는 아이들) 캠핑반에서 내가 하고 싶었던 놀이를 마음껏 해봤나요? 내가 가장 좋아하는 놀이는? 내가 가장 잘하는 놀이는? 더 해보고 싶은 놀이는? 가장 기억에 남는 놀이는?

2. (우리, 공동체를 만들어 온 우리)
1) 친구, 동생, 형, 언니, 오빠들과 함께 잘 지내기 위해 노력해본 것?
2) 친구, 동생, 형, 언니, 오빠들과 함께 지내면서 친구들로 인해 행복했던 순간은?
나는 친구와/친구가 (   ) 했을 때 행복했어.

아이들은 저마다 자신들의 놀이, 경험, 생각, 느낌을 이야기해주었다.

내가 하고 싶은 놀이를 마음껏 해봤나요? 더 해보고 싶은 놀이, 기

억에 남는 놀이는?

백 개만큼 신나게 놀았어요. 좋아하는 블록이 많았어요.

친구랑 점점점 친해져서 잘 놀 수 있었어요.

마음껏 그림도 그리고, 편지도 쓰고, 자동차도 타고, 숲에도 가고, 전시회 구경도 했어요.

○○이가 같이 놀자고 했을 때 같이 놀았지만, 다른 걸 하고 싶기도 했어요.

축구공 차기, 경찰 놀이를 재미있게 했어요. 나는 운동 놀이가 좋아요.

친구와 잘 지내기 위해 노력해 본 것이 있어요?

"괜찮아"라고 했어요.

화날 때 참아보기도 하고 친구 생각을 들어주기도 했어요.

고마운 마음, 사랑한다는 마음을 표현했어요.

"같이 놀자"라고 했어요.

○○이가 놀이할 때 어렵다고 했는데 도와줬어요.

친구와 함께 지내며 행복했던 순간은?

매일매일 행복했어. 친구와 좋아하는 놀이를 할 때 행복했어요.

친구와 다모임할 때 같이 문제를 풀어나갈 수 있어서 행복했어요.

○○이가 같이 놀자고 할 때 행복했어요.

아이들은 저마다 자신들의 놀이, 경험, 생각, 느낌을 이야기해주었다. 아이들의 한마디 한마디는 놀라움과 감동의 연속이었다. 살아온 나의 삶을 돌아보고 표현하는 이야기에서 아이들이 1년을 어떻게 지내왔는지, 아이들이 의미 있게 생각하는 것, 놀이를 통한 다양한 배움 그리고 그 속에서 찾아낸 자신과 친구와 공동체 등 다양한 것을 알고 느낄 수 있었다.

평가 결과를 교실 벽에 붙여두었다. 눈부시게 빛나는 아이들의 이야기를 우리 반 모두와 공유하고 싶었다. 처음엔 이야기와 함께 부착된 '나의 얼굴 친구의 얼굴'에 관심을 갖던 아이들이 친구의 이야기를 궁금해한다. 선생님에게 자신들의 이야기, 친구의 이야기를 읽어달라고 한다. 그리고 아이들 스스로 자신들의 놀이, 친구의 놀이, 생각, 우리의 교육과정에 대해 돌아보고 소통하며 자연스럽게 모두가 함께하는 평가의 시간이 되었다.

학급교육과정을 돌아보고 동료 교사들과 평가하는 시간, 아이들과 학급교육과정에 비추어 우리의 삶을 돌아보며 서로의 삶을 궁금해하고 이야기 듣고 생각하고 느끼는 시간은 다시금 우리를 두루유치원 그리고 캠핑반으로 만들어주었고, 함께하는 행복과 기쁨을 느끼며 따스한 겨울의 오후를 맞이하게 해주었다.

매일매일 교육과정을 만들고 실천하는 교사들에게 평가라는 것이 어쩌면 숙제로 느껴질지 모르겠다.

하지만 2021 두루에서의 교육과정 평가가 가슴 깊이 남은 것은 나와 우리 아이들의 삶 가까이에서 서로에 대한 존중을 바탕으로 한 삶을 들여다보는 평가였기에 더 의미 있게 다가온 게 아닐까.

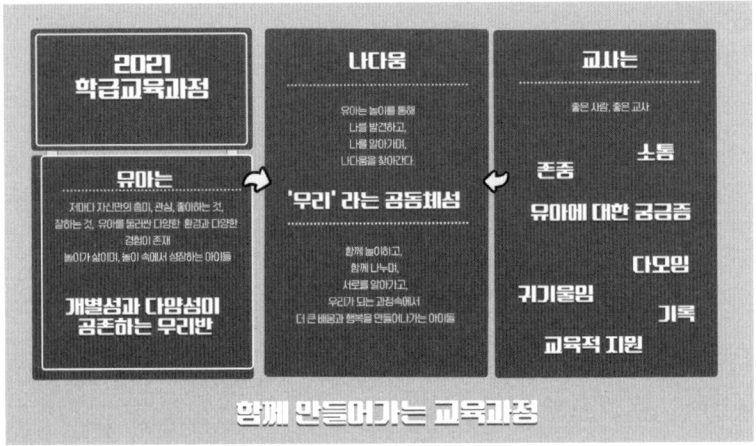

[나눔-공동체]

쿨메신저

교사 송시정

올해 3월은 눈물과의 전쟁이었다. 윤기는 통 급식을 먹으려 하지 않았다. 아니, 급식실에 들어가려고조차 하지 않았다. "윤기야, 점심시간이야. 밥 먹으러 가자."라는 말을 하자마자 바닥에 드러눕고 소리 지르고 몸을 비틀었다. 그런 아이를 안고 급식실에 들어가 의자에 앉게 하면 아이는 뱀이라도 된 것처럼 이리저리 몸을 비틀어대며 의자에서 내려와 고막을 찢는 고주파 울음소리를 내었다. 윤기에게 밥을 단 한 숟가락도 먹이지 못한 채 급식실을 나오기를 한 달쯤. 이제는 내가 다 눈물이 날 것 같았다.

점심시간만 되면 가슴이 두근거리기 시작했다. 윤기가 오늘은 또 얼마나 소리를 질러대느냐는 걱정보다 도대체 그렇게 급식실을 거부하는 까닭이 무엇인지 알아내지 못한 나 자신이 한심해서였다. 나 자신에 대한 한심함은 뻘뻘 땀으로 쏟아졌다.

땀을 쏟는 나를 안타깝게 쳐다보는 시선이 느껴지는 것 같아 애써 아무렇지 않은 척 웃음을 지었지만, 걱정과 원망은 한 숟가락도 떠보지 못하고 버려지는 내 식판의 밥이 되어 후드득 잔반통으로 떨어졌다.

퇴근 후에도 윤기의 울음소리가 귓가를 스쳤다.
나는 4세 아들을 키우고 있는데, 어느 날은 이 아이가 뭐가 속상한지 국을 끓여 내는 내 앞에서 윤기처럼 울어댔다. 신경을 긁는 고주파 울음소리는 팽팽하게 늘어난 내 이성의 끈을 날카롭게 잘라버리고 말았다. "그만 좀 울어! 엄마 오늘 회사에서도 종일 우는 소리 들었다고! 집까지 와서 너 우는 소리를 들어야 해? 제발 좀 그만해! 눈물 뚝 그치고 자리에 앉아 밥 먹으라고!!!! 좀!!!"
빨래를 개던 남편은 더 악을 쓰며 울어대는 아이를 안고 안방으로 들어가서는 엄마가 왜 저렇게 화를 내는지 설명하며 아이에게 이해를 구한다. 그 모습을 보는 나는 맥이 탁 풀려 그 자리에 주저앉아 엉엉 울어버렸다.
그렇게 힘든 3월이 지나가고 있었다.

그 후 나는 쿨메신저를 켜서 전 직원에게 메시지를 보냈다. 혼자 지레짐작으로 윤기를 이렇게 울리는 나를 찢어진 눈으로 바라보는 사람이 있는 건 아닐까 염려되어서였다. 윤기가 우는 까닭,

나의 고민 그리고 앞으로 내가 하고자 하는 것들을 작은 글씨로 줄줄이 써 내려갔다. 윤기를 이해해달라고 쓴 글이지만 그 속에는 나를 이해해달라는 아우성이 가득했다.

그리고 그 메시지는 내 기억 속에서 사라졌다.

그렇게 바쁜 한 학기를 보내고 있을 때, 교직원 교육과정 평가의 일환으로 여러 가지 이야기 글을 적는 시간이 있었는데, 그때 한 조리사님께서 윤기 이야기를 하셨다. 급식실에서 우는 그 아이가 너무 시끄러웠다고. 그런데 선생님은 아이를 급식실에서 왜 데리고 나가지 않는지 이해할 수 없었다고. 게다가 아무도 그 아이가 운다고 뭐라 하지 않았다고….

그러다 어느 날 내가 보낸 메신저를 읽고 그 이유를 알았다고, 자신은 왜 저 아이를 저렇게 울게 두는지 이해할 수 없었는데 이미 다른 선생님들과 아이들은 메신저를 굳이 읽지 않아도 그 까닭을 알았던 것처럼 행동했더라면서…. 그래서 본인은 이 두루공동체가 참 좋다는 짧은 글이었다.

참 감사한 마음이 들었다.

12월의 어느 날, 윤기는 급식실 자기 자리에 앉아 평소 먹지 않던 채소가 들어간 볶음밥을 싹싹 비운 후 식판을 정리하고 교실에 들어왔다.

요즘엔 가끔 친구들이나 선생님들이 다가와서 "윤기가 이제 소리 안 지르네요?", "우와, 윤기가 많이 먹었네요!" 하며 칭찬한다. 그럼 마치 내가 칭찬을 받은 것처럼 어깨가 으쓱해지며 "그럼. 이제 윤기가 밥 잘 먹어!" 하며 자랑을 한다.

나의 자랑에는 감사함이 담겨 있다.

'너희들이 윤기가 운다고 짜증 내거나 싫어하지 않아서야.', '부족한 나의 교육법을 끝까지 믿고 그 눈물의 시간을 조용히 기다려 준 동료 선생님들 덕분이야.'라는 마음 말이다.

한참 힘들었던 과거의 나는 변명을 가득 담은 그릇을 나누었는데 그 그릇이 돌고 돌아 믿음과 이해가 담겨 온 것이니, 어찌 감사하지 않을 수 있을까.

[나눔-공동체]

나눔은 행복의 전염

교사 **박현주**

일반적으로 생각하기에 교사는 아이들과 교사, 조금 더 나아가 학부모가 포함된 3주체의 관계가 가장 밀접하다고 할 것이다. 물론 맞는 말이다. 교사라는 직업을 갖고 유치원에서 근무해본 경험으로 비춰보면 그 외에 많은 사람과 아주 밀접하게 관계를 맺고, 그러한 관계를 이어주는 연결고리에 있는 공동체와 문화라는 보이지 않는 분위기가 교사의 삶에 많은 영향을 미치는 것 같다. 나는 올 한해 더 깊이 공감하고 느끼고 있다. 21년도에 방과후과정 교사이면서 동시에 업무지원부로 교무업무전담을 맡고 있기 때문이다.

9시까지 출근하면 오전에는 업무를 처리하고 오후 1시에 우리 반에서 교육과정 교사와 교체하고 방과후과정 교사로 일한다. 업무는 다른 유치원 교사들이 하는 것과 같고, 혁신자치로 지정된 우리 유치원에서 담임교사 외 방과후과정 교사로 배치된 나에게 업무가 더 주어진 것이다. '정보, 안전, 교원능력개발평가, 방과후과정' 이 4가지가 내가 맡은 업무다. 업무를 처리하고 관리하면서 많은 교육공동체 구성원과 소통하고 협업하게 된다. 그러한 공동체와의 관계 속에서 느낀 나눔을 주고받은 것에 대한 이야기를 해보려 한다.

#원감 선생님, 〈위로와 공감 나누기〉

내 자리는 1층 교육지원실이다. 그 공간에는 원감 선생님과 행정사님, 방과후과정 교사 자리가 함께 있다. 유치원에서 가장 넓고 푸르른 초록색 화분이 많은 쾌적한 공간에서 일하는 것이 너무 좋다. 원감 선생님과 같은 공간에서 일하다 보니 원감 선생님과 대화하고 공유하는 것들이 종종 있다.

원감 선생님은 교사에서 원감으로 되신 지 1년 조금 넘은 새내기 원감 선생님시다. 그래서 아직 교사에서 못 벗어나신 점도 많다. 제자들이 찾아오듯 19년도의 반 아이들이 자리에 찾아오기도 한다. 그럴 때마다 반갑게 반기시며, 그 아이의 개별성을 고려하여 다가가고 대화하신다. 담임교사들은 교실에서 개별지도가 필요한 아이들이 생기면 원감 선생님께 도움을 청하기도 한다. 그러면서 나는 자연스럽게 원감 선생님의 말투와 목소리, 톤, 아이를 대하는 자세와 대화를 보고 듣게 된다. 내가 생각하는 원감 선생님은 다정함과 친절함, 그리고 때에 따라 단호함과 카리스마가 느껴지는 말투와 표정, 이 두 가지가 공존하는 모습이 있다. 때에 따라 아이들이 안정감을 느끼는 이 두 가지 모습으로 다가가는 것은 쉽지 않다. 내가 부족하다고 느끼는 카리스마 있는 모습이다. 원감 선생님을 가까이서 지켜보면서 자연스럽게 배우게 되는 모습이다.

한번은 우리 반 학부모와 아이의 행동에 대해 통화해야 할 때가 있었다. 아이의 부정적인 행동으로 교실에서 지도하기 힘듦을 이야기하는지라 통화가 부담스러웠다. 원감 선생님께서 눈치채시고 학부모와의 통화에서 꼭 말해야 하는 내용과 해결방법에 대해 글자로 적어가며 알려주셨다. 교육경력은 많지만 학부모와의 통화가 여전히 어렵고 부담스러운 나에게 본인의 생각을 기꺼이 알려주시고 조언해 주시는 모습은 그 시기 나에게 꼭 필요한 나눔이었다.

어찌 보면 '그런 걸 가지고 무얼 고마워하기까지~ 누구나 원감 선생님 자리에 있으면 그럴 수 있는 거 아니야?'라고 할 수 있다. 하지만 그런 것을 나눔이라고 여긴 것은, 내가 교실에서 지치고 힘든 아이와의 관계를 알아차리고 학부모와 공유와 소통으로 해결해 보면 어떨까 하는 교사로서의 조언이며, 내 감정과 상황을 공감해주고 이해해주는 마음의 전달로 느껴졌기 때문이다.

정말 고마웠다. 그즈음 나는 그 아이와의 관계에서 오는 감정 소모와 교사로서의 사명감 및 정체성의 혼란으로 많이 지쳐있었는데, 어느 날 원감 선생님이 아이와 대화 중에 "박현주 선생님은 원감 선생님이 너무 소중하게 생각하는 사람인데 네가 그렇게 놀리면 원감 선생님이 너무 속상해."라고 하신 말은 나에겐 굉장한 치유가 되었기 때문이다.

가치 있는 나눔이란, 눈에 보이지 않더라도 그 사람의 생각과 감정을 읽고 필요할 때 가치관을 적절히 공유하며 전해주고 그것이 긍정적인 받음으로 통하였을 때 가능해지는 것 같다.

#교무행정사님, 〈자신감 나누기〉

내 앞자리에 교무행정사님이 계신다. 교육경력은 많지만 공립유치원 경험은 5년도 채 되지 않는 나에게 공립유치원의 업무는 낯설고 생소한 것투성이다. 공문 내용이 이해되지 않을 때 난감하다. 혼자 끙끙 앓다가 용기 내어 행정사님께 물어보았다. 처음에는 내가 모르는 것을 인정하고 알려달라고 하는 게 쉽지 않았다. 웬만해선 내가 해석한 대로 일을 처리했고 다 아는 척했다. 하지만 업무전담을 맡게 되면서, 특히나 전공과 관련 없는 '정보'(정보보안, 개인정보보호)라는 업무는 뭔가 보안과 관련된 것이라 더 무겁게 느껴졌고, 틀리면 안 될 듯한 부담이 컸다. 그러면서 내가 모르는 게 창피한 것이 아니라, 틀리지 않고 확실하게 해야 한다는 생각이 강했다. 행정사님은 다른 학교에서 경험한 것과 나름의 해석을 더해서 정성껏 알려주셨다. 모르는 것이 부끄럽고 창피하다고 솔직히 말했을 때 당연히 모를 수 있다고 공감해 주기도 하셨다. 내가 부족한 것을 인정하고 알리며 기꺼이 도움을 청했을 때 더 가까워지는 걸까? 행정사님과 나는 그렇게 급속도로 가까워지기 시작했다.

사실 어떻게 보면 행정사님과 협업해서 처리하는 업무가 많다. 분명 서로 구분된 업무도 있지만 협조해야 더 수월하게 해결되는 일. 그것이 방과후과정 업무인 것 같다. 방학 중 방과후과정 운영을 위해서는 많은 교육활동 지원 인력이 필요하고 촘촘히 계획을 세워야 하는데, 행정사님과 나는 네 일, 내 일 구분하지 않고 내가 몇 명이 필요하다고 하면 방역봉사자 분들과 하모니자원봉사자 분들을 척척 배치해 주신다. 서로가 업무를 구분 짓고 분명하게 선 긋듯이 나누면 내가 안내와 배치까지 다 해야 하는 가운데 높은 피로도를 느끼게 될 수 있다. 하지만 행정사님과의 나눔은 공유의 의미가 큰 것 같다. 업무를 공유하고 효율적인 해결을 위해 업무를 잠시 쪼개어 나눌 때 손발이 잘 맞으며 일이 신속하고 매끄럽게 처리되는 것 같다. 행정사님에게 나눔을 많이 받고 있어서 그런지, 관계를 소중히 지켜야겠다는 생각이 많이 든다.

#내가 준 나눔

공동체 구성원에서 내가 나눔을 준 경험은 없을까? 나눔을 받았듯이 나도 공동체 구성원들에게 나눔을 준 것이 분명 있을 것이다. 사실 교무업무전담을 하면서 교육과정 동료교사들은 담임 역할에, 나는 업무 역할에 무게중심을 두면서 충실히 임하자고 합의하며 시작되었다. 하지만 막상 업무전담을 하면서 업무의 무게와 양, 가짓수가 생각보다 많아 후회하기도 하였다. 그렇다고 되돌릴 수도 없는 일, 어쨌든 힘들다고 불평만 하지 말고 내가 하는 일에 가치를 찾아보자고 생각하게 되었다. '한 해를 지나고 보면 교육과정 동료 교사들이 담임으로 학급 운영을 탄탄히 하며 교사로서의 전문성을 키워가고 우리 유치원 교육과정을 내실 있게 운영해 갈 수 있게 된 동력은 바로 내가 업무를 전담하고 지원해주었기에 가능할 수 있지 않을까?'라며 나의 영향력에 대해서도 숟가락을 살~짝 얹어 보기도 한다. (ㅋㅋ)

어쨌든 내가 업무를 맡아 해주면서 교육과정 동료 교사들이 담임 역할에 집중할 수 있는 환경이 된 것은 사실이니까~ 이러한 나의 역할과 존재는 동료 교사들에게 나눔을 준 것이 아닐까 생각한다.

우리에게 나눔은 주고받고 공유하면서 서로가 서로에게 긍정적인 영향을 미치는 것이다.

그리고 마지막으로, 나에게 나눔이란? 긍정적인 전파, 행복의 전염인 것 같다.

참된 삶과 교육에 관한 생각 줍기

참된 삶과 교육에 관한 생각 줍기

참된 삶과 교육에 관한 생각 줍기

참된 삶과 교육에 관한
생각 줍기